Dopage

Ma guerre contre les tricheurs

Jean-Pierre Verdy

Dopage

Ma guerre contre les tricheurs

Arthaud

© Flammarion, Paris, 2021
87, quai Panhard-et-Levassor
75647 Paris Cedex 13
Tous droits réservés
ISBN : 978-2-0815-0473-8

Note préliminaire

Les sportifs déclarés dopés dans ce livre l'ont été par notification de leurs fédérations respectives par communiqués officiels. Les notifications effectuées par la seule AFLD l'ont été lors du Tour de France 2008.

1
Le choc d'une mort à 20 ans

L'étrange décès d'un jeune coureur. Disparition des indices. Peines de prison.

Sébastien Grousselle avait 21 ans. C'était l'un des espoirs du cyclisme en Île-de-France. Il courait sous les couleurs de l'équipe Big Mat Aubervilliers. Ce 18 septembre 1998, Sébastien prend le départ du Grand Prix de Montereau et semble « avoir des jambes », comme on dit dans le jargon du milieu. Il mène l'essentiel de la course lorsque, soudainement, le jeune homme tombe contre un arbre. Les secours arrivent au plus vite mais ne peuvent rien faire. Le cœur du jeune homme ne bat déjà plus. Les accidents mortels à vélo sont assez rares. Mais ça arrive. La course avait lieu non loin de mon domicile et je connaissais assez bien le milieu sportif local. Un entraîneur me confie avoir assisté à la scène. Pour lui, ce n'est pas la chute qui a provoqué le décès de ce pauvre gamin. Il l'a vu s'affaisser sur son vélo ! L'entraîneur était d'autant plus vigilant au moment

Dopage : ma guerre contre les tricheurs

du drame qu'il avait trouvé la progression du jeune cycliste bien trop fulgurante pour être honnête.

À l'époque, je venais d'intégrer la direction régionale et départementale de la jeunesse et des sports (DRDJS) de Paris-Île-de-France, où j'étais notamment en charge de la lutte antidopage. Jusqu'ici, cette lutte se heurtait à beaucoup d'obstacles. Nombre de pistes, d'enquêtes, de signalements n'aboutissaient pas.

Aussitôt après cette discussion avec l'entraîneur, j'appelle l'un des honorables « correspondants » du petit commando que j'avais mis en place lors de ma prise de fonction. C'est un policier de la brigade des stupéfiants de Paris. Je lui explique la version de l'entraîneur, la progression inexpliquée du coureur, les doutes sur le décès... Puis je raccroche. Vingt minutes plus tard, le commissaire de Montereau-Fault-Yonne m'appelle. Il m'explique qu'il a été surpris de ne trouver aucun indice sur les lieux du drame. Étrange pour un décès sur la voie publique. D'ordinaire, quand survient une telle tragédie, on retrouve toujours un sac, une chaussure, une trace de l'accident. Là, rien. Plus étrange encore, le corps avait été évacué avant l'établissement d'un constat officiel. Le commissaire me demande ce qu'il serait possible de faire pour lancer l'enquête. Je réfléchis, je ne suis pas policier mais pour nous, sportifs, cette image d'un homme qui s'affale sur son vélo évoque immédiatement la mort de Tom Simpson le 13 juillet 1967, sur les pentes du Ventoux. Le coureur avait

Le choc d'une mort à 20 ans

consommé trop d'amphétamines, ce qui s'était avéré fatal pendant l'effort sous le soleil de Provence. Je réponds alors au commissaire qu'il faudrait analyser les urines et le sang de ce pauvre gamin, et faire un prélèvement de cheveux. On n'a pas le droit de mourir à 20 ans sur un vélo. Le commissaire est touché par cette histoire et intrigué par la scène... non pas du crime mais presque. Il exige qu'une prise de sang *post mortem* soit réalisée. De mon côté, je contacte le ministère qui gérait à l'époque les contrôles antidopage pour savoir si ce sportif avait été contrôlé récemment. La réponse est positive. Le ministère me transmet les numéros des échantillons. Je contacte alors l'autre extrémité de la « chaîne », le directeur du laboratoire, Jacques de Ceaurriz. Cet homme, décédé en 2013, fut l'un des piliers de la lutte antidopage, un grand savant qui a mis au point, avec Françoise Lasne, le protocole de détection de l'EPO. C'était surtout un homme courageux, intègre, sans qui le sport aujourd'hui ne serait pas ce qu'il est.

Je lui demande donc d'analyser en priorité les échantillons concernés. Quelques jours plus tard, les résultats me parviennent. Le jeune homme était bien dopé. On a trouvé dans ses analyses des traces de corticoïdes. Nous avons ainsi reconstitué les derniers jours de Sébastien. Il avait disputé une course à Strasbourg la veille, avait roulé toute la nuit et avait pris ensuite le départ de la course fatale. On achève bien les jeunes coureurs cyclistes. Son

Dopage : ma guerre contre les tricheurs

directeur sportif et son soigneur, mais aussi son ex-petite amie, seront jugés en 2007 et condamnés à la prison en première instance. Leurs peines seront allégées en appel, au grand dam de la famille de la victime.

Je venais d'intégrer depuis peu ce monde de la lutte antidopage. Ce drame m'a profondément marqué, ainsi que la petite équipe qui venait d'être constituée pour lutter contre le dopage. Nous avions trouvé un vrai sens à notre mission : ne plus jamais voir un gamin mourir à 20 ans au bord d'une route.

2
La guerre est déclarée

Retour en avion des J.O. d'Atlanta.

À la fin des Jeux d'Atlanta, en ce mois d'août 1996, le Comité national olympique et sportif français avait affrété un avion spécial pour ramener la délégation des athlètes français de Géorgie, où ils avaient particulièrement brillé. La France avait décroché 37 médailles et terminé à la cinquième place au classement des nations. Il régnait donc dans le vol du retour une vraie ambiance de fête. Les médaillés arrosaient copieusement leur succès, ravitaillés par David Douillet qui venait de remporter son premier titre olympique. Le cycliste Laurent Jalabert était à la tête d'une chorale qui enchaînait tous les succès de la chanson française.

Quant à moi, je n'avais pas le cœur à participer aux agapes. J'étais alors l'entraîneur national de l'équipe de France de pentathlon moderne et nous n'avions remporté aucune médaille. Enfoncé dans mon siège, je ruminais les conséquences de nos

Dopage : ma guerre contre les tricheurs

mauvais résultats. Tant d'efforts et de travail anéantis pour un détail mal géré ou malheureux. Forcément, j'allais payer ce triste bilan olympique. J'avais jusqu'ici obtenu de francs succès. D'abord avec l'équipe de France militaire, avec des titres de champion du monde individuel et par équipes. Puis les mêmes titres mondiaux avec l'équipe de France junior. Et enfin, avec l'équipe de France senior, un titre mondial par équipe et une deuxième place en individuel.

Pourtant, ma vie de coach s'arrêtait là. C'est ainsi, dans le sport de haut niveau : on n'a pas le droit à l'erreur. J'ignorais alors que j'allais avoir maille à partir, dans les mois qui suivraient, avec certains champions qui festoyaient dans cet avion... Car ces Jeux d'Atlanta en 1996, on l'apprendra plus tard, auraient été dans de nombreuses disciplines pervertis par l'usage important de produits dopants. Dont l'EPO, utilisée abondamment, notamment en athlétisme.

Assis dans cet avion, je ne savais pas encore que j'allais bientôt basculer de l'autre côté du miroir. Celui de la lutte antidopage. Et l'histoire d'Atlanta ne se répéterait pas. Ce n'est plus moi qui allais m'enfoncer dans mon siège. Certains allaient bientôt arrêter de chanter.

Une fois viré de mon poste d'entraîneur national, je cherche à orienter ma carrière dans une autre direction. Un poste est vacant à la direction régionale et départementale de la jeunesse et des sports

La guerre est déclarée

de Paris-Île-de-France. Il s'agit de gérer plus de trois cents sections sportives scolaires, soixante-dix pôles espoirs et pôles France, les suivis médicaux des sportifs de haut niveau, ainsi que la gestion des centres médicaux sportifs et des plateaux techniques dédiés à ces pratiquants. Enfin, la lutte antidopage constitue le volet le plus important du poste proposé. Il me restait à faire accepter ma candidature par la directrice régionale, Brigitte Cahen. Je vais découvrir une femme exigeante et déterminée. Une grande commise du service public, dont la rencontre va achever de me convaincre de prendre ce poste.

« Vous pouvez commencer quand ? a-t-elle lancé au terme de notre entretien.

— Nous sommes jeudi. Si vous m'acceptez, je serai au travail lundi.

— Banco ! » a-t-elle répondu.

C'est ainsi que je me retrouvais, dès potron-minet, dans une petite pièce sans âme particulière, un bureau étroit comme il en existe tant d'autres dans les ministères et les administrations régionales. Mais qu'importe le décor. Ce qui compte, c'est la détermination des hommes et des femmes qui occupent les lieux. Je me trouve d'ailleurs avec une collaboratrice, Chantal Piot, qui s'avérera être une femme importante dans le dispositif que nous mettrons en place.

Contrairement à ce qu'on peut entendre ici et là, il y a énormément de gens motivés et volontaires

Dopage : ma guerre contre les tricheurs

entre les murs gris de l'administration française. Des gens qui font chaque jour avancer les choses. C'est donc dans cette pièce, au cinquième étage d'un immeuble du XIIIe arrondissement parisien, rue Eugène-Oudiné, que commence mon combat contre le dopage. Je parle de « mon » combat car il s'agit de mon récit. Mais la lutte antidopage est avant tout une affaire collective. Chaque secrétaire, chaque préleveur, chaque fonctionnaire du ministère apporte sa part à ce travail de l'ombre et joue un rôle essentiel. Et dans ce combat, l'administration doit se montrer rigoureuse. La lutte antidopage est avant tout une affaire de détails, comme on le verra dans les pages qui suivent. Si l'un des maillons de la chaîne commet la moindre faute, tout s'écroule. Car les sportifs dopés cherchent justement à utiliser le détail qui flanche pour sauver leur tête.

Notre équipe s'est ainsi constituée au mitan des années 1990. Il fallait une sacrée équipe car la tâche était immense. Jusqu'à cette époque, la lutte antidopage n'était pas une grande préoccupation du monde sportif – bien au contraire. Durant ma carrière d'entraîneur, j'avais en effet pu constater une forme de laisser-aller, voire de bienveillance, à ce sujet. Tout le monde considérait que le dopage concernait surtout les pays de l'Est et que sa pratique n'était pas répandue en France. Pourtant, à l'INSEP, j'avais été témoin à plusieurs reprises de scènes édifiantes. À la cafétéria, des sportifs expérimentés, médaillés olympiques pour certains, racontaient ouvertement aux

La guerre est déclarée

jeunes athlètes comment ils faisaient pour se doper et quelles techniques ils utilisaient pour échapper aux contrôles. Ils connaissaient toutes les molécules, tous les protocoles... De vrais petits chimistes ! Ils avaient tranquillement mené leur carrière en prenant des produits sans jamais avoir été déclarés positifs. Non, le dopage n'était pas que l'affaire des pays de l'Est !

La France, pays de Pierre de Coubertin, était elle aussi affectée par le dopage. Et à tous les niveaux : chez les sportifs mais aussi chez les dirigeants qui les couvraient.

En arrivant à mon poste, j'ai constaté que dans certaines régions, des relations très amicales s'étaient tissées entre des cadres ou des dirigeants du monde sportif et les responsables régionaux de la lutte antidopage. Si bien que certains correspondants locaux étaient parfois contraints par leur hiérarchie d'annuler des contrôles programmés dans certaines disciplines. Cela m'est aussi arrivé.

À cette époque, selon que l'on était puissant ou misérable dans le monde du sport, on n'était pas traité de la même façon en matière de contrôles antidopage.

Un directeur technique national fait disparaître le contrôle positif d'un champion français.

Un jour, j'ai appris fortuitement qu'un champion connu, la star de sa spécialité, une discipline

Dopage : ma guerre contre les tricheurs

olympique, avait été déclaré positif lors d'un contrôle effectué à l'INSEP. Quand j'ai croisé le directeur technique national (DTN) de la discipline, j'ai évoqué le sujet. Il est alors entré dans une rage folle. Ce qui lui importait, c'était de découvrir l'origine de la fuite de l'information plutôt que de sanctionner le tricheur. Il a tout employé pour étouffer l'affaire. Avec succès : quelques jours plus tard, j'apprenais que le contrôle positif avait disparu des tablettes. Le champion a ensuite repris la compétition, comme si de rien n'était.

Une pompe pour gonfler les intestins...

Une autre histoire est significative de l'impunité et de la protection dont bénéficiaient certains sportifs français dans leur fédération. Au retour d'une compétition, un membre d'une équipe de France olympique prend involontairement le sac d'un de ses coéquipiers, ceux-ci étant tous identiques. Quelle surprise quand il l'ouvre et découvre une poire. Elle servait à s'insuffler plusieurs litres d'air dans les intestins par voie rectale, ce qui permettait à son propriétaire d'améliorer ses performances en natation d'une manière significative.

Dans le sac, en plus de la poire, l'homme trouve de la Percutacrine, un anabolisant qui améliore la récupération par un système de rééquilibrage hormonal. Ses confrères de l'équipe de France savaient

La guerre est déclarée

à quel moment le tricheur commençait ses cures hormonales car sa sueur avait une odeur particulière. Et cela correspondait toujours à une amélioration de ses performances. Il devenait inatteignable à l'entraînement. Le membre de l'équipe qui avait découvert le sac m'avait alors tout raconté et avait prévenu la Fédération. Et que croyez-vous qu'il advint? Rien. Ce sportif était le meilleur de l'équipe de France – et pour cause, il trichait – mais c'est lui qui ramenait les médailles et permettait à la Fédération de remplir les contrats d'objectifs fixés par le ministère et ainsi de toucher les subventions. Quant à celui qui a découvert la tricherie... il a été victime de rétorsion par sa fédération! En revanche, le tricheur a fait carrière et reçu gloire et honneurs.

Cette affaire montre l'état d'esprit à l'égard du dopage qui régnait alors dans certaines fédérations et dans les rouages du monde sportif. Tout le monde critiquait la connivence des dirigeants des pays de l'Est mais nous n'avions pas de leçons à donner.

Dès qu'une intervention était programmée à l'INSEP, comme par hasard, tout le monde était au courant. Et forcément, quand nous arrivions, il n'y avait pas grand monde à contrôler. Certains sportifs avaient le temps de sauter par la fenêtre, d'autres étaient prévenus par les copains ou l'entraîneur et rebroussaient chemin.

Un jour, je croise un copain entraîneur qui me lance: «Alors comme ça, vous venez la semaine prochaine?» Je lui demande comment il le sait.

Dopage : ma guerre contre les tricheurs

« C'est affiché dans les couloirs de la Fédération... » À la direction régionale des sports, les courriers qui nous étaient adressés au service de la lutte contre le dopage n'étaient pas confidentiels ; ils suivaient le cheminement classique, à la vue de tous. Il n'y avait aucune culture du cloisonnement entre le monde sportif et celui chargé de la lutte antidopage. Et puis certains sportifs étaient protégés. On nous disait : « On ne va pas contrôler ce champion olympique, on va le laisser tranquille. » Il régnait donc une véritable connivence.

C'était la même chose en province. Les responsables régionaux étaient volontiers invités aux matchs par les grands clubs de foot ou de rugby...

Mais le pire, c'étaient les organisateurs de compétitions collectives ou individuelles. Ils étaient très réfractaires à nos contrôles. Pour obtenir la participation de certains sportifs connus dans leurs épreuves, ils n'hésitaient pas à négocier avec eux l'absence d'un contrôle antidopage. Ou bien, si par hasard un contrôle était prévu, ils se débrouillaient pour que le contrôle n'ait pas lieu. Ils utilisaient tous les moyens possibles pour empêcher la notification de ces sportifs en les cachant. Il était alors impossible de les contrôler. L'organisateur jouait à l'imbécile et nous promenait en feignant de chercher les sportifs désignés. Ce fut le cas lors du contrôle que nous avions diligenté auprès de la championne olympique de natation Michelle Smith.

La guerre est déclarée

Nous sommes alors au lendemain des Jeux d'Atlanta, durant lesquels cette nageuse irlandaise a fait un véritable carton à la stupéfaction générale. Même en Irlande, son retour n'a pas été triomphal tant sa victoire était suspecte. Elle a en effet remporté trois titres olympiques : le 400 mètres nage libre, le 200 mètres 4 nages et le 400 mètres 4 nages. Médailles d'or auxquelles elle a ajouté une médaille de bronze sur le 200 mètres papillon. Les spécialistes de la natation se montraient surpris par son explosion soudaine. D'autant plus que son mari n'était autre que le lanceur de poids et de disque hollandais Erik de Bruin, suspendu quatre ans en 1993 pour un contrôle positif à la testostérone.

Elle figurait logiquement parmi les athlètes ciblés par les équipes de lutte antidopage. Quand nous avons appris qu'elle venait en région parisienne pour y disputer une compétition de natation, nous avons donc organisé son contrôle. Mais il n'aura pas lieu... grâce aux dirigeants du meeting ! À notre arrivée, ils ont fait semblant de la chercher, et elle avait disparu.

Pour toutes ces raisons, nous ne luttions pas à armes égales. Les tricheurs se trouvaient en position de force. Il fallait que la peur change de camp.

3
No whisky

Plus de whisky dans les urines.

La lutte antidopage ne pouvait continuer à se faire humilier par les organisateurs, les sportifs, les clubs... Le contrôle manqué de Michelle Smith marque une première rupture. Le médecin préleveur avait rempli avec méticulosité le document lié à ce vice de procédure. Il avait notifié les noms des témoins et notamment celui de la conseillère technique de la Fédération internationale de natation qui avait assisté à l'infraction. Le lendemain, j'ai saisi le procureur de la République compétent. Deux jours après, les gendarmes auditionnaient l'organisateur et établissaient un rapport au procureur. La Fédération a joué le jeu et lourdement sanctionné l'organisateur complice de Smith.

Cette information a rapidement circulé dans le petit monde du sport et des organisateurs d'événements. Si bien que de telles pratiques allaient bientôt disparaître.

Dopage : ma guerre contre les tricheurs

Quelques semaines plus tard, le 10 janvier 1998, des contrôleurs diligentés par la Fédération internationale de natation se présentent au domicile de la nageuse irlandaise, dans le comté de Kilkenny en Irlande. Cette fois-ci, elle ne peut pas l'éviter. Mais au moment où les préleveurs recueillent son urine, elle serait parvenue à introduire à leur insu un liquide dans le flacon. Le personnel du laboratoire accrédité de Barcelone, chargé d'analyser les urines de Michelle Smith, va avoir l'immense surprise d'y découvrir une forte dose... de whisky. Irlandaise cœur fidèle[1] !

Il nous fallait aller plus loin, notamment dans le recueil d'informations sur le dopage et ses réseaux. Mais nous ne disposions d'aucune structure vraiment opérationnelle. À l'époque, l'Agence française de lutte contre le dopage (AFLD) n'existe pas encore, ni l'Agence mondiale antidopage (AMA). Je me penche alors sur les textes de loi existants pour voir si une disposition légale nous permettrait d'agir de manière plus efficace.

C'est alors que je tombe, dans les archives régionales, sur une circulaire du 12 février 1991, relative à l'application de la loi du 28 juin 1990, qui confère à chaque région le pouvoir de créer une cellule

---

1. Le 7 juin 1999, le Tribunal arbitral du sport de Lausanne a confirmé la suspension de quatre ans pour dopage de Michelle Smith donnée par la Fédération internationale de natation.

No whisky

antidopage. Cette cellule était censée être composée des responsables de toutes les disciplines sportives et devait se réunir une fois l'an. C'était en fait l'occasion de retrouver les copains, chacun prenait la parole, clamait haut et fort son horreur des pratiques dopantes («pas de ça chez nous») et on passait vite au buffet et à l'apéro! Bref, beaucoup de ces réunions étaient totalement stériles et ne débouchaient sur rien de concret.

À partir de cette même circulaire, j'ai alors imaginé créer, en lieu et place de cette déclaration d'intention, une véritable cellule de lutte antidopage. Un commando. Une équipe composée d'hommes et de femmes d'univers différents et complémentaires animés de la même intention : mettre un terme à ce sentiment d'impunité qui régnait alors dans le sport, en Île-de-France et au-delà. Mon idée a reçu l'aval enthousiaste de ma responsable régionale, Brigitte Cahen. J'ai donc proposé à différents services de l'État d'unir nos forces et nos moyens afin de lutter efficacement contre le dopage.

C'est ainsi que le 22 septembre 1998 se sont retrouvés autour d'une table, dans une modeste pièce de la direction régionale des sports, une dizaine de fonctionnaires de la brigade des stupéfiants, de la police, de la gendarmerie, de l'inspection de la pharmacie, des douanes et du fisc. Chacun dans son silo avait soit des informations mais peu de moyens d'intervention, soit l'inverse.

Dopage : ma guerre contre les tricheurs

Au début, chacun est resté un peu sur la réserve : l'administration est peu habituée à la transversalité. Et puis, au fil des interventions, les uns et les autres se sont détendus. Chacun a vite compris l'intérêt de collaborer tous ensemble. Car les personnes réunies autour de la table étaient animées par la même volonté de lutter efficacement contre le dopage.

Tous les gens qui allaient travailler avec mon équipe sur ces dossiers avaient un prisme sportif. Enfants, ils avaient rêvé devant les exploits des grands champions. Or le dopage est la négation de ce rêve, c'est le désenchantement du sport. Très vite, policiers, douaniers et gendarmes – qui n'ont pas les réseaux dans le monde du sport – ont saisi l'intérêt d'une collaboration. Au fil de cette réunion capitale, la confiance s'est installée et nous avons échangé des informations qui se révéleraient exploitables.

Mais surtout, nous avons mis en place une chaîne qui additionnerait les compétences. Les participants à cette réunion, tous assermentés et tenus au secret, n'étaient pas là pour la posture. Mais pour des résultats concrets. Même si pour y parvenir il fallait parfois éviter de prévenir nos hiérarchies respectives. La coopération entre gens de terrain s'avère souvent plus facile et plus efficace qu'aux échelons supérieurs. Ceux-là découvriront parfois tardivement que leurs subordonnés coopéraient depuis longtemps avec d'autres services et obtenaient des

No whisky

résultats probants. Notre première affaire fut celle du jeune Sébastien Grousselle[1]. Elle a contribué à souder notre commando. Nous avions alors beaucoup d'obstacles devant nous. Dans un premier temps, il fallait absolument sécuriser les contrôles et la procédure. Nous avons donc proposé à tous les services présents notre soutien lors d'éventuelles gardes à vue. En effet, sur la réquisition d'un procureur de la République ou d'un juge, nous étions autorisés à effectuer des prélèvements urinaires, sanguins et de phanères (c'est-à-dire poils, cheveux et ongles). L'assermentation des préleveurs, associée à la qualité des protocoles de prélèvements normés, rendait de fait toutes les procédures de contrôle antidopage inattaquables. Il fallait ajouter à ce dispositif, à l'autre bout de la chaîne, l'excellente qualité du laboratoire de Châtenay-Malabry pour effectuer les analyses. Aux yeux des forces de l'ordre et des magistrats habitués à la réalisation de procédures strictes, c'était une grande sécurité.

Ensuite, nous avions besoin d'un système de transmission rapide, efficace et continu pour communiquer entre nous. Car la lutte antidopage, comme la lutte antidrogue, ne se limite pas aux horaires de bureaux. C'est 24 heures sur 24 et 7 jours sur 7. Nous avons donc convenu d'être tous

---

1. Cf. chapitre 1.

joignables les uns pour les autres, à toute heure du jour et de la nuit. Le cadre juridique et les procédures étant bordés, place à l'action. Elle commence par le bastion du sport français : l'INSEP.

Descente à l'INSEP.

Jusqu'alors, les contrôles au sein de cet Institut national du sport étaient une vaste mascarade. Tout le monde était prévenu de la venue des contrôleurs, le plus souvent par les fédérations. Soit en amont, la veille par exemple – et les tricheurs avaient le temps de quitter le bois de Vincennes –, soit pendant l'opération. Mais la fête était finie.

Comme nous contrôlions désormais complètement l'information, il était impossible de connaître le moment où nous allions débarquer. Nous arrivions le matin à plusieurs voitures, avec une dizaine de contrôleurs assermentés, chacun muni d'un talkie-walkie. Je me situais dans la première voiture du « convoi antidopage ». Comme je connaissais bien le gardien de l'INSEP, pour y avoir évolué de nombreuses années, il m'ouvrait la barrière sans problème. Ensuite il suffisait de déployer notre dispositif. J'allais immédiatement informer le directeur de l'INSEP de notre présence dans ses locaux et l'accueil était toujours favorable. On se rendait par groupes dans les différentes salles, tous en même

No whisky

temps, et on surveillait les sorties. Impossible de nous échapper. Nous pouvions ainsi procéder à un vaste coup de filet. Puis nous repartions en saluant tout le monde. Comme pour un départ définitif. Ceux qui n'étaient pas présents à l'INSEP lors de notre passage revenaient alors, persuadés d'avoir échappé au contrôle. En fait nous allions juste déjeuner dans le quartier. Et à 14 heures, nous revenions passer la deuxième lame du rasoir... Finalement, plus d'une centaine de sportifs étaient contrôlés dans la journée. D'autres cellules régionales ont procédé de la sorte, notamment la DRJS Languedoc-Roussillon, qui disposait dans son périmètre de la cité préolympique de Font-Romeu. La station de ski était réputée pour être une base arrière de dopage, particulièrement en athlétisme.

Coup de filet dans les pharmacies parisiennes.

Notre deuxième coup d'éclat fut de mettre un terme au trafic opéré par un certain nombre de pharmacies. Les enquêtes avaient été menées par la brigade des stupéfiants. Des pharmaciens avaient été mis sur écoute et les policiers ont procédé à des perquisitions. La surveillance a duré plus d'un an, en 1996 et 1997, et portait sur une dizaine de pharmacies de la région parisienne. L'une était située près de la place de la Nation, dans le XIIe arrondissement, et fournissait plus particulièrement

Dopage : ma guerre contre les tricheurs

l'INSEP. Une autre, dans le XVIe, approvisionnait régulièrement un membre d'une ambassade d'un pays de l'Est. Cette pharmacie fournissait également le gérant d'un club de golf réputé, qui alimentait un réseau de body-builders. Il s'agissait essentiellement de trafics d'anabolisants comme l'Androtardyl, le Dynabolon, le Nilevar, le Parabolan, la testostérone Théramex et le Stérandryl. Certaines de ces officines vendaient jusqu'à 10 000 boîtes ! L'ordre des pharmaciens a parfaitement réagi à la situation. Il a prononcé des peines allant de deux à cinq ans d'interdiction d'exercer pour les pharmaciens fautifs. Un signal fort à l'intention de tous les autres confrères et qui sera entendu. D'ailleurs, l'ordre des pharmaciens s'est toujours placé du côté de la lutte antidopage de manière inflexible, sans corporatisme aucun. Ce ne sera pas le cas de tous les ordres professionnels.

En tout cas, ce vaste coup de filet chez les pharmaciens de la région parisienne, suivi du coup de semonce de leur ordre, mettra un terme à ces trafics d'anabolisants, parmi les sources principales d'approvisionnement des sportifs dopés.

Ces derniers vont alors devoir développer d'autres stratégies...

4
Tricherie : mode d'emploi

Les astuces des tricheurs pour ne pas se faire prendre.

Tout se joue dans les premières vingt minutes ! Très vite, les sportifs tricheurs ont compris qu'ils pourraient éviter de se faire prendre en déjouant les contrôles. Ils vont déployer des trésors d'imagination pour tenter de les éviter ou bien truquer le contrôle sur le moment.

On se souvient du Belge Michel Pollentier. Lors du Tour de France 1976, il s'était fait prendre au soir de l'étape à l'Alpe-d'Huez avec une poire sous le bras remplie d'urine propre. Il avait alors révélé que c'était une pratique courante... Il n'avait pas tort. Car la professionnalisation du sport s'est accompagnée, notamment dans le cyclisme, du perfectionnement des stratégies pour échapper aux contrôles antidopage.

Dopage : ma guerre contre les tricheurs

Les « choufs ». Les changements de chambre.

Les équipes cyclistes maîtrisaient parfaitement la procédure. Certaines fonctionnaient sur les mêmes schémas que les trafiquants de drogue. Elles enrôlaient des sortes de vigiles qui avaient le rôle des gamins qu'on appelle les « choufs » dans les réseaux de trafic de drogue. Ce sont eux qui font le guet pour surveiller l'éventuelle arrivée de la police. Certaines équipes disposaient également de leur « chouf ». Ce sont des personnes issues en général des entreprises de gardiennage, qui ont l'habitude de repérer les visages. Des physionomistes. Quand l'équipe arrivait le soir à l'hôtel, c'étaient eux qui descendaient en premier du bus. Ils allaient repérer si la voie était libre et ensuite investir le hall de l'hôtel puis l'accès aux couloirs des chambres devant lesquels ils se postaient. Et quand on débarquait pour un contrôle, leur mission était de nous faire perdre les quinze minutes qui permettaient aux coureurs de prendre leurs dispositions afin de déjouer le contrôle.

Nous arrivions en général à 6 heures du matin, le début de l'heure légale en France à partir de laquelle on peut effectuer un contrôle. L'heure limite le soir est fixée à 21 heures. Aussitôt, les choufs de ces équipes prévenaient leurs responsables, puis les médecins d'équipe, qui allaient aussitôt informer les coureurs. Pendant ce temps, le chouf nous bloquait l'accès aux chambres. « J'appelle le responsable »,

Tricherie : mode d'emploi

lançait-il. Celui-ci mettait en général cinq à dix bonnes minutes pour descendre. Ensuite, il essayait de gagner du temps en discutant. Puis on se rendait aux chambres. Très souvent, celle qui était enregistrée à la réception pour un coureur ne correspondait pas. Ils changeaient de chambre afin de nous faire perdre encore du temps. Pendant ce quart d'heure gagné, ils utilisaient différentes stratégies pour tromper le contrôle. Ils s'injectaient par exemple des produits pour augmenter les volumes circulant. Quand on arrivait dans les couloirs, on entendait les chasses d'eau tirées. Les coureurs allaient uriner afin que l'on ne puisse pas contrôler leur urine du matin, qui est très concentrée.

Mais les cyclistes ne sont pas les seuls à chercher à gagner du temps.

La Vittel Cup à Sarcelles.

Le 18 avril 1998, deux médecins contrôleurs se présentèrent à la piscine de Sarcelles, où se déroulait la Vittel Cup. Les médecins, en plus des nageurs tirés au sort pour le contrôle, désignèrent une nageuse en plus, comme ils en ont le droit. Le délégué de la Fédération française de natation pour cette compétition leur fit savoir qu'ils n'avaient pas le droit de désigner une nageuse en plus du tirage au sort. Il se faisait appuyer par l'organisateur de la

Dopage : ma guerre contre les tricheurs

compétition. Et s'opposait donc au contrôle. Le comble, c'est qu'il était membre de la Fédération ! Les médecins firent appel à la conseillère technique régionale et déléguée de la DTN qui était sur place. Elle confirma que les médecins étaient dans leur droit. Le délégué de sa propre fédération refusa d'obtempérer. La CTR partit chercher le règlement pour lui prouver qu'elle avait raison. Quand elle revint avec le document, le délégué lui dit : « C'est bon, il n'y a plus de problème, la nageuse est partie... » Les médecins ne pouvaient donc plus la contrôler. Quelques années plus tard, ce délégué deviendra membre de la commission antidopage de la Fédération française de natation. Quant à la nageuse, elle remportera des titres nationaux et battra des records de France...

Le contrôle antidopage est la mère de toutes les batailles. Nous avons mené une longue lutte pour en faire une vraie machine de guerre.

Les débuts de la lutte remontent en France à la loi Herzog du 1er juin 1965. C'est à Mexico, en 1968, qu'ont eu lieu les premiers contrôles antidopage aux Jeux. Deux ans auparavant, les instances sportives internationales avaient introduit les tests de féminité. Près d'un tiers de l'équipe féminine soviétique d'athlétisme a soudainement disparu des compétitions... En France, après la loi Herzog, les instances ne se sont guère intéressées au sujet durant une longue période. Jusqu'à la loi Bambuck du 28 juin 1989. Un an avant, l'affaire Ben Johnson

Tricherie : mode d'emploi

avait provoqué un scandale planétaire aux Jeux de Séoul. Le dopage était enfin devenu un enjeu de société. Cette loi va poser un premier cadre, mais il faudra attendre l'affaire Festina, en 1998, et la loi Buffet du 23 mars 1999, pour prendre enfin en compte les vrais enjeux de ce fléau. Malgré tout, il y a loin entre le texte législatif et le terrain. Ainsi, les premiers temps, ma priorité consiste à sécuriser et rationaliser les contrôles. Ils sont alors trop fragiles, trop facilement attaquables. Les mailles du filet sont béantes... Nous allons nous évertuer à les réduire drastiquement.

Dans les textes législatifs de l'époque, l'opposition à un contrôle antidopage ou son empêchement, comme dans le cas de Michelle Smith, relevaient du Code pénal. Toutefois, l'article de loi concerné n'avait jamais été utilisé. J'ai alors sollicité l'aide d'un ami huissier de justice, Robert Pérez, afin d'établir un procès-verbal qui permettrait de matérialiser la faute. J'ai ensuite doté tous les médecins préleveurs de ce document pour qu'ils puissent le présenter aux récalcitrants. J'avais par ailleurs prévenu les dirigeants de toutes les disciplines sportives d'Île-de-France : le devoir des organisateurs était de faciliter le travail de ces médecins en leur apportant aide et soutien dans tous les domaines, logistique ou humain. En soulignant bien que la moindre opposition caractérisée au déroulement d'un contrôle ferait immédiatement l'objet d'un signalement au procureur de la République. Assez

Dopage : ma guerre contre les tricheurs

rapidement, les sportifs sont réapparus au moment des contrôles.

Ensuite, j'ai fait le tour des tribunaux et des procureurs de la région parisienne afin d'expliquer à chacun les références au texte de loi concernant le dopage. Le Code pénal est si complexe et imposant qu'aucun des hommes et des femmes de loi ne peut connaître la totalité des alinéas. D'autant moins ceux qui sont liés au dopage, puisqu'ils n'étaient jamais usités... J'attire ainsi leur attention sur le sujet, en espérant qu'ils se montreront davantage réactifs et concernés lorsqu'une affaire surviendra. Car le temps de réaction dans les affaires de dopage s'avère déterminant. Les preuves disparaissent très vite...

Mon autre chantier – et peut-être le plus important – était celui de la confidentialité des préleveurs.

Jusqu'au milieu des années 1990, les contrôles antidopage se faisaient à la bonne franquette. Il était classique qu'un contrôleur, la veille de son intervention, appelle l'organisateur de l'événement sportif qu'il allait contrôler pour lui demander de lui préparer une salle afin qu'il puisse y effectuer ses contrôles rapidement dans un plus grand confort. Autant dire que ceux-ci ne servaient pas à grand-chose car l'organisateur avait tôt fait de prévenir les participants, laissant tout loisir à chacun de prendre ses dispositions.

Déclarer forfait à cause d'une blessure soudaine et opportune était devenu un grand classique,

Tricherie : mode d'emploi

notamment dans le tennis ou en équitation. En effet, dès que l'information d'un contrôle se répandait dans les paddocks, l'organisateur enregistrait comme par hasard un nombre important de forfaits de dernière minute. On voyait les chevaux remonter dans les vans, qui quittaient précipitamment le lieu de la compétition. Il y avait aussi le problème de ces préleveurs qui tiraient gloriole d'annoncer dans des dîners en ville que le dimanche suivant, ils allaient contrôler le PSG ou l'OM. J'ai repris en main le protocole et cadré de manière stricte la notion de secret professionnel. Au bout de quelques mois, contrôleuses ou contrôleurs n'en parlaient même pas à leur mari ou à leur femme. Ce processus de rationalisation des contrôles était un enjeu majeur. On l'a vu avec l'affaire Christophe Dugarry, sur laquelle on reviendra. Il s'en est sorti, grâce à un vice de forme. À cette époque, nos protocoles n'étaient pas assez verrouillés. Les sportifs étaient contrôlés positifs, ils étaient bien « chargés » comme on dit, mais ensuite, avec une batterie d'avocats, ils trouvaient facilement la faille, le vice de procédure dans le déroulement des contrôles. Ceux-ci étaient effectués par des bénévoles, et non des professionnels de l'antidopage, qui faisaient cela occasionnellement. Ils oubliaient parfois de faire signer un document ou n'étaient pas assermentés, comme ce fut le cas lors

Dopage : ma guerre contre les tricheurs

du contrôle de Dugarry[1]. Les sportifs invoquaient le vice de procédure et obtenaient gain de cause, comme l'ancien joueur de l'Olympique de Marseille (OM) et de l'équipe de France. L'argument juridique était imparable. Ils avaient beau jeu de clamer ensuite leur « innocence » car la justice l'avait reconnue. J'ai donc mis en place une formation pour les préleveurs, afin qu'ils deviennent de vrais professionnels dont les contrôles soient inattaquables.

Nous avions en Île-de-France un préleveur modèle, un médecin d'Éragny, Olivier Grondin, qui était une vraie machine de guerre. Un exemple de rigueur, de professionnalisme et d'éthique. Un moine-soldat de la lutte antidopage qui sera de toutes les batailles, même encore aujourd'hui. Lui aussi est un homme de l'ombre, qui ne compte pas ses heures et travaille au nom d'une certaine idée du sport. Il fait partie de ces gens, inconnus du grand public, qui ont œuvré tout autant que de grands dirigeants ou que certains champions pour faire du sport un monde meilleur, digne des valeurs qu'on lui prête. J'ai essayé de faire en sorte que les préleveurs deviennent tous des « Olivier Grondin ». Cela demande beaucoup de qualités. Il faut d'abord être modeste, ne pas être attiré par la lumière dans ce monde où il y a tant de projecteurs. Et il faut se montrer extrêmement persévérant.

---

1. *Libération*, « Dugarry blanchi par le vice », 17 septembre 1999.

Tricherie : mode d'emploi

Faire craquer le préleveur...

Quel que soit le comportement du sportif, on doit toujours garder son calme. La mission consiste à «revenir» avec des urines ou une prise de sang réalisée avec une procédure sans vice. Auparavant, les sportifs savaient qu'ils pouvaient avoir les contrôleurs à l'usure. On peut comprendre ces derniers : il s'agit de médecins, d'infirmiers, qui ont une vie à côté, un cabinet médical, une famille, des amis... Et ils se retrouvent propulsés dans les couloirs d'un stade en plein hiver, ou à l'extérieur dans des conditions météo déplorables, à attendre des heures qu'un sportif veuille bien faire pipi. Les dopés misaient sur la fatigue et le découragement du préleveur. Ils disaient qu'ils n'avaient pas envie d'uriner. Au bout de deux ou trois heures d'attente, le préleveur en avait marre et rentrait chez lui. J'ai donc instauré des primes si le contrôle se terminait à point d'heure, afin de dédommager ces personnes valeureuses qui passent leurs week-ends à pratiquer cette tâche ingrate mais tellement nécessaire pour l'image du sport.

Quand ils ne pouvaient pas échapper au contrôle, les sportifs se débrouillaient pour que le préleveur n'assiste pas au moment où ils urinaient dans le flacon. Ce qu'on appelle dans le jargon de l'antidopage la «miction». Ils prétextaient ne pas aimer qu'on les regarde uriner. C'était vrai pour certains. Mais pour beaucoup de ceux qui invoquaient la

Dopage : ma guerre contre les tricheurs

pudeur, il s'agissait en fait de cacher une manœuvre afin d'invalider le contrôle. Ils proposaient parfois au préleveur de se mettre nus pour prouver leur bonne foi puis de rester seuls dans les toilettes, porte fermée.

Ils en profitaient pour introduire dans le flacon un produit caché dans leurs cheveux ou sous leurs aisselles pour que l'analyse s'avère impossible. Bien souvent, le préleveur acceptait. Révélations qui m'ont été faites par des repentis qui avaient maintes fois réussi le coup, à l'exemple de Michelle Smith avec son whisky pur malt... En général, c'était plus conventionnel : tout simplement l'eau des toilettes pour diluer la miction.

Au gré du temps, grâce à l'expérience des médecins préleveurs, des juristes et des administratifs, après toutes ces fraudes constatées et ces astuces déjouées – que ce soit dans les régions, au niveau national ou dans divers pays –, nous avons fini par mettre en place un protocole de contrôle aujourd'hui immuable. Ou du moins qui doit l'être.

5
Le commando du boulevard Saint-Germain

Des personnalités hors norme mettent sur pied l'Agence française de lutte contre le dopage, qui va porter des coups sévères aux tricheurs. Parmi elles, un groupe de femmes inconnues dans des bureaux austères du VIIe arrondissement.

L'affaire Festina a été le catalyseur des institutions de lutte antidopage. Bien sûr, il y avait eu tout un travail avant. Roger Bambuck, ministre des Sports des premier et deuxième gouvernements de Michel Rocard, avait créé une première commission de lutte antidopage, successivement présidée par les professeurs Jean-Paul Escande puis Claude-Louis Gallien. Elle était assez pléthorique, avec quelque 80 membres. Elle avait toutefois le pouvoir d'instruire une affaire et de proposer une sanction au ministre. Mais quand éclate l'affaire Festina, la société prend vraiment conscience de l'ampleur du

Dopage : ma guerre contre les tricheurs

problème du dopage. Marie-Georges Buffet a créé une commission interministérielle où l'on comptait le ministère de la Santé et celui des Sports, l'ordre des médecins, le Conseil d'État... Il y avait déjà eu un premier rapport en 1997, avant l'affaire Festina. Celui-ci préconisait la création d'un suivi biologique longitudinal des sportifs pour vérifier leur stabilité biologique. En conclusion, il était proposé de créer une commission indépendante qui prenne en charge les problèmes de dopage.

C'est en grande partie Marie-Georges Buffet qui aura changé l'histoire de la lutte antidopage – et donc du sport – par son action, sa personnalité et la loi qui porte son nom, datée du 23 mars 1999. Cette loi trace les grandes lignes de la politique française sur le sujet, avec la création du Conseil de prévention et de lutte contre le dopage. Le CPLD est une « autorité administrative indépendante » dirigée par le conseiller d'État Michel Boyon. Il pose les bases de cette institution qui a une mission de recherche et de prévention. Le CPLD compte alors comme conseiller scientifique le professeur Michel Rieu.

Ce grand médecin restera comme l'une des personnalités majeures de la lutte antidopage en France et même au niveau international. Il n'était pourtant pas issu du monde sportif, même s'il a pratiqué le 800 mètres dans sa jeunesse et que toute sa famille est ceinture noire de judo. D'abord réanimateur au service des grands brûlés de l'hôpital Cochin, Michel Rieu s'est ensuite occupé de physiologie

Le commando du boulevard Saint-Germain

dans un laboratoire du CNRS qui dépendait de la chaire de biologie appliquée à l'éducation physique et au sport. En 1978, à la suite d'une convention passée entre l'université Paris V-René Descartes et le ministère des Sports, il est chargé par son université de mettre en place le département médical de l'INSEP. C'est à cette époque qu'il rencontre le docteur Pierre Dumas, très sensibilisé à la question du dopage. C'est lui notamment qui s'était occupé de Tom Simpson, mort sur les pentes du Ventoux le 13 juillet 1967, des suites de prise d'amphétamines. Rieu participe à la surveillance endocrinienne de toute l'équipe de France olympique en vue des Jeux de Moscou. Il devient en 1984 directeur du laboratoire « physiologie des adaptations » et ultérieurement coresponsable de la formation doctorale « physiologie et biomécanique de la performance motrice » à la faculté de médecine Cochin-Port-Royal. Il supervise ainsi beaucoup de thèses qui vont considérablement enrichir ses connaissances dans ce domaine. De 1987 à 2000, il est chef de service à l'hôpital Cochin du département « Explorations fonctionnelles et physiopathologie de l'exercice », période durant laquelle il occupe également la fonction de président de la Société française de médecine du sport. Bref, Rieu est une pointure et va nous être d'un immense recours. Car parallèlement à cette brillante carrière universitaire, il continue son exploration de la lutte antidopage.

Dopage : ma guerre contre les tricheurs

Il appartient à la commission de lutte antidopage instituée par Roger Bambuck. Quand Guy Drut demandera au CNRS de mettre en place une commission d'expertise sur le dopage, il y participera également en animant la section de biologie clinique. Il participe aussi, en tant que président de la Société française de médecine du sport, à la commission interministérielle qui débouchera sur la création du CPLD. On le retrouve logiquement conseiller scientifique du président Boyon au CPLD. Là, il concourt à la création d'une commission des médecins fédéraux, qui élaborera les statuts des médecins du sport, et à celle d'une commission prospective où des experts de divers horizons de la médecine et des sciences viennent phosphorer pour imaginer les pistes de lutte antidopage.

Le CPLD joue également un rôle important sur le plan international. Boyon interviendra au Congrès de Copenhague, première étape de la mise en œuvre d'une action coordonnée entre les États en matière de lutte contre le dopage. Représentant à l'Unesco de la Fédération internationale de médecine du sport, Michel Rieu prononcera l'un des discours d'ouverture de la réunion des ministres des Sports des États membres. Une réunion qui adoptera le principe de la mise en place d'une organisation internationale de lutte contre le dopage, décision qui entraînera la création de l'Agence mondiale antidopage.

Le commando du boulevard Saint-Germain

Marc Sanson, également conseiller d'État, énarque certes, mais aussi issu de l'École des Chartes, poursuivra par un travail très rigoureux la mission du CPLD, avec toujours Michel Rieu comme conseiller scientifique, jusqu'à la création en 2006 de l'Agence nationale de lutte contre le dopage, par la voie de la loi Lamour, qui marquera une étape nouvelle dans la lutte. Michel Rieu mettra alors en place un conseil scientifique, présidé par le professeur Yves Le Bouc, dans le but d'élaborer des appels à projets de recherche. Il initiera également l'organisation d'un congrès scientifique quadriennal ayant pour but de faire le point sur l'état de la recherche ; la mise en œuvre d'un suivi biologique longitudinal des sportifs ; l'organisation des procédures des AUT ; et l'établissement d'une relation étroite avec l'Académie de médecine, qui permettra en 2012 la rédaction des recommandations de cette institution concernant la lutte contre le dopage.

C'est Pierre Bordry qui sera nommé à la présidence de l'AFLD, autorité administrative indépendante. L'homme est issu d'une famille de résistants. Cela aura une vraie importance dans la conduite de sa carrière et surtout dans la manière dont il va occuper ses fonctions. Toujours avec droiture et indépendance. Il est l'un de ces grands serviteurs de l'État et de la Ve République qui font passer l'intérêt général avant toute chose.

Dopage : ma guerre contre les tricheurs

Diplômé en 1963 de l'Essec, il y a créé « Les Mardis de l'Essec », association qui organise des débats sur des sujets d'actualité avec des personnalités reconnues dans leurs domaines. C'est à ce titre qu'il rencontre le ministre du Commerce Joseph Fontanet.

En 1962, il part aux États-Unis pour étudier les circuits de distribution et les centres commerciaux, alors en plein développement. Il achète à New York une Dauphine Renault d'occasion et part à la découverte de l'Ouest. Revenu en France, il devient collaborateur de Joseph Fontanet, puis de Jean Lecanuet, dont il devient le bras droit dans la campagne présidentielle de 1965 face au général de Gaulle et à François Mitterrand. Ce fut une campagne très moderne, inspirée des campagnes électorales américaines que Bordry avait étudiées. Il invente le fameux slogan du « Kennedy français » qui permettra à Lecanuet de monter sur le podium au premier tour de l'élection présidentielle, à la surprise générale.

Lors de son passage en France, le frère du président des États-Unis, Robert Kennedy, qui fut son ministre de la Justice, demande à voir Jean Lecanuet. Las, le président du parti Centre démocrate ne parle pas un traître mot d'anglais. Robert Kennedy préfère donc passer le moment de l'entretien avec son jeune collaborateur, qu'il trouve plus intéressant. Le lendemain, l'ambassade des États-Unis téléphone à Bordry pour lui offrir une bourse

Le commando du boulevard Saint-Germain

afin de suivre toute la campagne électorale à laquelle se prépare le frère de JFK. Bordry vivra ainsi avec l'équipe de campagne de Robert Kennedy une expérience qui l'amènera au Congrès américain, où il aura ensuite ses entrées. Malheureusement, Kennedy est assassiné à Los Angeles le 6 juin 1968, cinq ans après son frère. Bordry gardera de nombreux contacts politiques à Washington, notamment avec l'équipe du président Nixon mais aussi avec des spécialistes de politique étrangère comme Zbigniew Brzeziński et Henry Kissinger.

Bordry prend ensuite des fonctions importantes au cœur du parti centriste. Il devient directeur de cabinet d'Alain Poher, président du Sénat. Lorsque celui-ci assure l'intérim à l'Élysée après la démission du général de Gaulle à la suite de l'échec du référendum en 1969, Bordry devient le porte-parole du nouvel occupant de l'Élysée. Une fonction qu'il occupera à nouveau lors du deuxième intérim de Poher, à la mort de Pompidou en 1974.

Bordry va rester longtemps au Sénat, puisqu'il dirige le cabinet d'Alain Poher durant le long règne de celui-ci. D'ailleurs, quand François Mitterrand se rend au Sénat durant ses deux mandats de président de la République, il demande que ce soit Bordry qui vienne l'accueillir au pied de l'escalier pour ensuite le faire entrer dans le palais du Luxembourg. Une marque d'attention qui renvoie à un événement méconnu de la vie de François Mitterrand.

Dopage : ma guerre contre les tricheurs

Le 11 novembre 1943, le *Sicherheitsdienst*, service de la sécurité du Reichsführers-SS, avait effectué une descente au domicile de François Mitterrand à Vichy. À l'époque, le dirigeant du Rassemblement national des prisonniers de guerre s'avère de plus en plus impliqué dans des faits de résistance. Ce jour-là, Mitterrand n'est pas chez lui. En revanche, Pol Pilven, oncle de Pierre Bordry et ami proche du futur président de la République, se trouve dans l'appartement. Quand les Allemands lui demandent s'il est bien François Mitterrand, alias Morland (son nom de code dans la Résistance), Pilven acquiesce. Il est donc arrêté et envoyé en camp de concentration à sa place. François Mitterrand vouera une reconnaissance éternelle à son ami sacrifié. Sa réception symbolique au Sénat par le neveu de Pilven, Pierre Bordry, fait référence à cet événement.

Après son long passage au Sénat, Bordry intègre le Conseil d'État en 1987. Il en sera détaché à plusieurs reprises pour exercer diverses fonctions de la République : président de la Commission de la taxe d'apprentissage de l'Éducation nationale et responsable du contrôle national de l'ensemble des circuits de vitesse et grand prix, comme les 24 Heures du Mans. Il entre au cabinet du ministre de l'Intérieur en 1993, nommé conseiller en charge des libertés publiques et de définir une réforme de la police nationale. Pour mener à bien cette mission capitale, il utilise des méthodes – que l'on

Le commando du boulevard Saint-Germain

retrouvera à l'AFLD – qui plaisent particulièrement aux policiers de base, mais moins à leurs supérieurs. Il débarque en pleine nuit dans des commissariats, sans avoir prévenu personne, pas même la hiérarchie, afin de se rendre compte de la réalité du quotidien des policiers sur le terrain. La méthode Bordry, c'est le pragmatisme, c'est faire avancer les choses concrètement. L'important, c'est la finalité de la mission.

Il fut également président de la Commission paritaire des publications et agences de presse (CPPAP). Mais c'est son expérience à la tête de l'hôpital des Quinze-Vingts, de 1992 à 2010, qui va constituer l'un de ses grands motifs de fierté. Il a en effet réalisé une transformation majeure de cet illustre établissement, créé par Saint Louis en 1260 pour accueillir les aveugles de Paris. En 2008, l'hôpital poursuit sa mission historique de centre précurseur d'ophtalmologie et Bordry y crée l'Institut de la vision. C'est sans doute le premier partenariat public-privé mené avec succès.

Au terme de son mandat à la tête de l'hôpital, Pierre Bordry a donc été nommé pour créer de toutes pièces la nouvelle Agence française de lutte contre le dopage. On savait que cette agence administrative devait bousculer le monde du sport et que son travail allait forcément amener son président sous les feux de la rampe. Et c'était opportun. Pierre Bordry a animé moult conférences de presse mouvementées, où il devait mener des combats

Dopage : ma guerre contre les tricheurs

médiatiques afin de défendre le travail et l'identité même de l'agence.

Mais avant d'en arriver là, il fallait d'abord mettre sur pied l'institution. Pour cela, Bordry a cherché un secrétaire général dont le rôle et le travail seront déterminants dans la réussite du projet. C'est Philippe Dautry, administrateur de l'Assemblée nationale et escrimeur, qui a été nommé. L'idée consistait à désigner une personne indépendante du ministère des Sports à cette fonction névralgique. La tâche était immense. Il s'agissait de créer quasiment de toutes pièces la structure censée mener la lutte antidopage en France. Trouver des locaux, recruter du personnel, mettre en place l'administration, le cadre juridique...

C'est ainsi que j'ai été recruté, sur le conseil de Michel Rieu, comme directeur des contrôles, grâce à mon expérience comme responsable de la lutte antidopage à la direction régionale de la jeunesse et des sports d'Île-de-France. L'activité de notre commando n'y était pas étrangère. Cette tâche était auparavant exercée au sein du ministère des Sports.

Le CPLD employait seulement cinq à six permanents. Or l'AFLD qui lui a succédé en application de la loi comptait, une fois lancée, une soixantaine de personnes, auxquelles ajouter les correspondants régionaux du ministère chargé d'organiser les contrôles et tous les médecins préleveurs. Bordry, Dautry et Rieu ont donc accompli un véritable tour

Le commando du boulevard Saint-Germain

de force en mettant en place cette structure qui a officiellement vu le jour le 1er octobre 2006.

Mais ce jour-là, comme par hasard, le laboratoire de l'AFLD a été victime d'une attaque informatique. Les hackers avaient substitué quantité d'informations dans l'ordinateur du directeur des analyses. Ils ont ensuite envoyé des courriers truqués aux médias à partir des informations dérobées. Pierre Bordry portera plainte et l'enquête démontrera que cette intrusion informatique avait été opérée par des personnes travaillant dans l'entourage du cycliste Floyd Landis. Il avait utilisé les informations pour contester son contrôle positif lors du Tour de France 2006. La procédure durera de longues années et Landis reconnaîtra finalement son dopage. Il attestera aussi de celui de Lance Armstrong. Ce qui marquera le début de la fin pour cet autre champion américain[1].

Autant dire que le premier jour de l'agence fut emblématique de ce que sera notre mission. Une expérience qui a marqué chacun d'entre nous. L'immensité de la tâche, les multiples obstacles placés sur notre chemin ont certainement resserré les personnes impliquées dans ce projet. Toutes avaient en commun le souhait de faire réussir cette

---

1. Le 20 mai et le 3 juillet 2010, Floyd Landis donne des interviews au *Wall Street Journal* dans lesquelles il reconnaît s'être dopé tout au long de sa carrière et met en cause Lance Armstrong.

Dopage : ma guerre contre les tricheurs

entreprise institutionnelle. Quitte à prendre quelques risques, à tenter des coups d'éclat au-delà de ce qu'une administration a l'habitude de faire. Mais c'était nécessaire pour bousculer les montagnes qui se dressaient devant nous.

Et cela n'aurait jamais été possible sans le travail de l'ombre de Philippe Dautry et de ses équipes, notamment parce qu'il a toujours fait en sorte que l'aspect juridique ne soit pas une entrave à notre mission au service du sport propre. D'ailleurs, dans notre collège, ce sont toujours les sportifs qui demandaient plus de contrôles, plus de contraintes, afin d'évincer les tricheurs qui volaient les victoires à ceux qui s'entraînaient dur et proprement.

Bien sûr, il s'agissait d'agir dans les règles, exactement comme les actions de police doivent s'effectuer dans un certain cadre judiciaire. Sans cela, toute la procédure s'effondre et les malfrats sont relaxés. Nous devions respecter les mêmes contraintes.

L'intelligence de Philippe Dautry est d'avoir su concilier cadre juridique et liberté d'action dans la lutte antidopage, du moins jusqu'à son départ en mars 2009. Il est retourné à l'Assemblée nationale pour mettre sur pied une nouvelle institution, également animée d'un noble projet : le Comité d'évaluation et de contrôle des politiques publiques.

Pour revenir à l'AFLD, il s'agissait d'une œuvre vraiment collective, à laquelle ce livre entend rendre hommage. Chacun des maillons de la chaîne a été

Le commando du boulevard Saint-Germain

déterminant dans l'accomplissement de la mission dévolue : rendre au sport sa noblesse d'origine. Et chacun, quel que soit son statut, son rôle, de la base de la pyramide jusqu'à Pierre Bordry, a contribué à ce que l'agence devienne une institution essentielle dans l'univers du sport contemporain. Quand on regarde à la télévision les grandes compétitions sportives, on ignore généralement les dessous, tout ce qui est entrepris pour l'accomplissement de chacune des performances. La lutte antidopage est l'un des maillons de cette chaîne. Et le département des contrôles fonctionne comme une cellule de renseignement de la série du *Bureau des légendes*. Avec ses analystes qui scrutent méticuleusement chaque détail des performances des uns et des autres.

Les sportifs ne connaissaient pas Delphine Saint-Laurent. En revanche, elle en savait beaucoup sur eux. Delphine participait au ciblage à partir des profils sanguins des sportifs. Elle a donc eu un rôle très important dans le déroulement des compétitions pendant ces années-là. Elle a permis d'éviter, à elle seule, que des tricheurs spolient le travail de sportifs intègres. Le grand public ignore tout de son rôle. Pourtant Delphine a changé le cours de certaines compétitions, cachée dans la pénombre de son bureau du boulevard Saint-Germain. En lien avec le laboratoire de Châtenay et le professeur Rieu, elle faisait les regroupements des profils sanguins de tous les sportifs, discipline par discipline.

Dopage : ma guerre contre les tricheurs

Des heures durant, Delphine scrutait sur son établi des graphiques, des courbes de profils sanguins puis stéroïdiens. Et lorsqu'elle détectait des profils suspects, elle en faisait état au professeur Rieu, qui validait ou non ses suspicions. Ensuite elle m'en informait. Si le sportif m'était inconnu, je contactais mes informateurs de la discipline concernée. S'il était connu et déjà dans nos radars, je provoquais une réunion de toute l'équipe.

Maud Ehrlich, mon adjointe, et la coordonnatrice administrative Sylvie Montalibet faisaient un état précis de nos finances avec Olivia Haddad, la comptable du département des contrôles. Ce sont elles qui estimaient si nous étions en mesure de déclencher une opération et si elle était financièrement raisonnable. Certains sportifs peuvent d'ailleurs rendre grâce à la modestie de nos finances... Ensuite, Anne-Laure Fey et Anne Michonneau donnaient leur avis sur la faisabilité juridique des opérations que nous souhaitions mettre en place. Comme on l'a vu, c'était un point crucial de la réussite d'une opération.

Enfin, quand la décision était prise d'intervenir, toute l'équipe était chargée pendant quelques heures d'étudier le portrait du sportif ciblé, par tous les moyens : Internet, Facebook, articles publiés... Nous rassemblions toutes les données possibles, détail après détail, afin de dessiner son profil psychologique. Mais nous nous attachions également à ses objectifs à court et à moyen terme. À travers

Le commando du boulevard Saint-Germain

ceux dont il faisait part en répondant aux questions de la presse, nous savions à quel moment il serait «propre» et, en creux, à quelle période en amont il allait se «charger».

Anne-Laure Fay surveillait la localisation des sportifs, avec Loïc Buet. Au début, ce travail s'effectuait à la main. Ensuite, le logiciel ADAMS, développé spécialement, nous a grandement facilité la tâche.

Les investigations menées auprès de nos informateurs et les profils sanguins nous permettaient de deviner quel type de substance un sportif allait utiliser. Grâce au travail des conseillers scientifiques comme Michel Rieu, nous connaissions parfaitement la cinétique d'élimination des substances. Dès lors, nous pouvions définir un calendrier de contrôles.

En réunion, nous comparions nos avis sur la stratégie des contrôles. Les membres de ce bureau, en grande majorité féminin, avaient acquis au fil des ans une précieuse expérience sur le dopage et les pratiques des sportifs. Nous décidions collectivement des opérations à mener. Linda Bazabas disposait d'une vraie science du *timing*. Calendrier en main, elle choisissait avec précision les jours d'intervention. On l'appelait «*sniper*». Quand elle appuyait sur la détente, c'était du sûr!

Quand le «Go!» était donné, comme dans une opération du GIGN, chacun connaissait son rôle précis: choix du préleveur, transporteur dédié pour

Dopage : ma guerre contre les tricheurs

les opérations spéciales, étude des coûts... En cas de problème, même chose. Si un transporteur faisait défaut, un autre était trouvé, *idem* pour un préleveur manquant. Nous faisions acheminer en urgence des kits de prélèvement, aussitôt envoyés aux préleveurs.

L'organisation des ciblages était composée de plusieurs tirs, le dernier étant effectué quelques jours avant la compétition.

Dès la réussite de la première opération, le rapport avec le préleveur était essentiel. On analysait le compte rendu du déroulement du prélèvement et l'attitude du sportif testé. Surtout, détail très important, on relevait les numéros des échantillons pour qu'ils soient traités en priorité parmi le flot de contrôles courants. Les premiers résultats qui nous parvenaient étaient les profils sanguins. Ils étaient à nouveau disséqués par Delphine et le professeur Rieu. Ensuite, on rectifiait le tir pour procéder à de nouveaux tests.

Toute l'équipe était tendue vers la réussite de l'objectif : mettre en place des contrôles de qualité, dans d'excellentes conditions logistiques et juridiques et à moindre coût. Nous avions une confiance mutuelle sans faille. Et ce sens de la mission ne s'arrêtait pas lorsque nous refermions la porte de notre bureau du boulevard Saint-Germain.

Les fonctionnaires de cette agence, comme beaucoup d'autres, poursuivaient leur travail bien après les heures de bureau.

Le commando du boulevard Saint-Germain

Le plus souvent, l'équipe entière répondait présente pour envoyer par courriel un ordre de mission ou en modifier un autre tard le soir ou le week-end. Combien de fois ai-je téléphoné à l'une d'entre elles, alors que nous étions au supermarché ou en train de jouer avec nos enfants ? Combien de fois Linda ou Anne ont-elles dû vérifier la localisation d'un sportif car un préleveur sur le terrain trouvait porte close, ou pour s'assurer que le sportif se trouvait au bon endroit et éviter au préleveur de se déplacer pour rien ? Ces femmes ne lâchaient rien. Jamais. De grands sportifs doivent à ces inconnues d'être tombés de leur piédestal. Elles n'ont jamais cessé d'être à la hauteur de leur tâche.

6
Contrôle antidopage : comment ça marche

Un contrôle inopiné, c'est quoi ? Le compte ADAMS.

Il y a deux sortes de contrôles : le contrôle en compétition et le contrôle inopiné. On sait d'expérience, dans la lutte antidopage, que le plus efficace s'avère être le second. Aujourd'hui, il existe une autre délimitation dans les contrôles. Les athlètes qui figurent dans le « programme ADAMS », c'est-à-dire les sportifs de très haut niveau, sont distingués des autres. Pour figurer dans le logiciel ADAMS il faut faire partie du groupe cible d'une fédération internationale ou d'une agence nationale.

Donc, pour figurer dans le groupe cible de l'Agence française de lutte contre le dopage, il faut être inscrit sur les listes de sportifs de haut niveau, ou être professionnel. En conséquence, les amateurs n'ont aucun devoir de localisation. Et chaque

Dopage : ma guerre contre les tricheurs

fédération nationale dispose d'un quota limité de sportifs à inscrire sur la liste de ceux de haut niveau.

Mais plusieurs centaines de sportifs dits « amateurs » ne figurent pas dans les groupes cibles bien qu'ils soient de niveau international avec, pour certains, des résultats probants sur des podiums nationaux ou européens. Ces prétendus amateurs, qui ne figurent donc pas sur les listes de haut niveau, participent à des compétitions qui leur font gagner plusieurs milliers d'euros par week-end.

Beaucoup peuvent ainsi se « soigner » et se « préparer » en toute tranquillité en amont d'une épreuve. Compte tenu de leur statut d'amateur, ils ne pourront être contrôlés qu'en compétition. Et à ce moment-là, grâce à une grande maîtrise de la cinétique d'élimination des produits ingérés, ils ne seront jamais dépistés positifs.

J'ai maintes fois réclamé de pouvoir intégrer n'importe quel sportif amateur dans notre groupe cible, mais juridiquement cela était impossible. C'est ainsi que chaque week-end, en France, des sportifs amateurs dopés disputent des compétitions sans grand risque d'être inquiétés. Certains ont compris qu'il était plus intéressant de rester amateur.

Le programme ADAMS est un logiciel de gestion de données en ligne qui permet de localiser les athlètes à n'importe quel moment de la journée, afin de pouvoir les contrôler. Ils doivent fournir une heure

Contrôle antidopage : comment ça marche

précise dans la journée (située entre 6 heures et 23 heures), à laquelle on peut les trouver pour procéder au contrôle. Souvent, ils choisissent une heure matinale, à leur domicile. C'est le plus simple. Ils doivent remplir un agenda sur la semaine avec possibilité de modifications. L'athlète peut modifier son emploi du temps jusqu'au dernier moment. Les sportifs enregistrent ces données sur Internet, *via* leur ordinateur ou une application de leur téléphone. Quelques grandes âmes ont bien sûr dénoncé une atteinte aux libertés individuelles. Ce sont pourtant des contraintes bien modestes, surtout pour des jeunes qui passent beaucoup de temps à poster des photos sur Instagram. Et ce programme ne concerne que quelques centaines de sportifs en France. Si on se présente à l'endroit indiqué par le sportif et qu'il ne s'y trouve pas à l'heure dite, cela constitue un «*no show*». Trois «*no shows*» entraînent une infraction au Code antidopage qui vaut une suspension équivalant à un contrôle positif. C'est ce qui est arrivé au rugbyman du Stade toulousain et de l'équipe de France Yoann Huget, ou encore au boxeur Tony Yoka.

Si le sportif ne figure pas dans le programme ADAMS, alors il ne peut être contrôlé qu'à l'entraînement (lorsque les informations nous parviennent) ou en compétition quand nous en avons connaissance. Il nous est arrivé de mettre en place des contrôles sur trois compétitions différentes afin d'être sûrs de contrôler un sportif ciblé, qui

Dopage : ma guerre contre les tricheurs

dissimulait sa présence à des épreuves. Mais malgré nos précautions, il a réussi à nous échapper. Il avait publié de fausses informations sur son compte Facebook pour nous égarer. Avec succès puisqu'il a finalement disputé une course où nous n'étions pas ! On peut toutefois essayer de se présenter au domicile d'un sportif, mais il n'est autorisé de le contrôler que s'il ouvre la porte quand on sonne. Souvent, on sait que la personne est chez elle car on l'entend ! Mais le sportif dopé est très souvent un fin connaisseur du cadre légal. Il n'ouvre pas au contrôleur qui sonne à son domicile. Il y a peu de gens naïfs dans cet univers...

Une voiture roule toute la nuit jusqu'à Lausanne.

Lors d'un contrôle inopiné d'un sportif de haut niveau, si celui-ci n'accepte pas que le contrôle ait lieu chez lui ou dans sa chambre d'hôtel, le préleveur doit louer une chambre d'hôtel. C'est pourquoi certaines opérations particulièrement ciblées peuvent coûter cher : 2 000 à 3 000 euros ! Cela fut le cas pour l'athlète Hassan Hirt. Nous avions beaucoup de soupçons concernant cet athlète, tout comme la Fédération internationale d'athlétisme, avec laquelle nous collaborions. Bien souvent, les sportifs dopés deviennent nomades à l'approche

Contrôle antidopage : comment ça marche

des compétitions. Ils sont en effet en pleine cure de dopage et font tout pour éviter un contrôle inopiné. Ils changent donc sans cesse de lieu d'entraînement. C'était le cas pour Hassan Hirt à l'approche des J.O. de Londres, pour lesquels il s'était qualifié grâce à une performance étonnante. Nous avons donc décidé de monter un contrôle éclair avant qu'il ne parte aux Jeux. Il s'était localisé au Maroc sur son compte ADAMS mais un informateur sur place nous avait assuré qu'il n'y était pas.

Jean-Christophe Boulanger, le correspondant de l'AFLD en Normandie, avait l'habitude de travailler avec la police locale. Celle-ci a demandé à l'un de ses véhicules qui faisait des rondes de vérifier si Hirt était chez lui. En passant devant son domicile, les policiers aperçoivent de la lumière. Nous envoyons aussitôt un préleveur...

Profitons-en pour préciser que les préleveurs sont des médecins privés qui ont un cabinet, une clientèle, un emploi du temps chargé. Mais ces personnes n'hésitent pas à fermer leur cabinet et à sauter dans un TGV ou dans leur voiture pour aller effectuer un contrôle. Ce sont de véritables héros de la lutte antidopage, des éléments indispensables qui ne comptent pas leur temps et ne sont pas du tout rétribués à la hauteur de leur sacrifice.

Olivier Grondin, le médecin désigné pour cette opération délicate, part donc en urgence en

Dopage : ma guerre contre les tricheurs

Normandie. Mais c'est le week-end et le laboratoire de Châtenay-Malabry est fermé. En revanche, celui de Lausanne fonctionne. Son directeur, Martial Saugy, m'assure qu'il peut faire l'analyse. On affrète alors un transporteur, dont le véhicule va faire le trajet jusqu'à Lausanne dans la nuit... Budget : 1 500 euros ! À ce tarif, je subis forcément une certaine pression de ma hiérarchie. Nous avons intérêt à obtenir des résultats. Quelques jours plus tard, Martial Saugy m'appelle. Il y a bien une présence d'EPO dans les analyses d'Hassan Hirt, qui dans l'intervalle s'est envolé pour Londres. Il faut alors l'exfiltrer en cachette du village olympique avant que l'information ne soit révélée [1].

Dans un autre genre, l'opération de contrôle sur le célèbre trail de la Diagonale des fous, sur l'île de la Réunion, avait également été une opération onéreuse et compliquée. Il fallait rapatrier les échantillons par avion jusqu'à Orly, puis les expédier à Châtenay-Malabry. Mais aussi envoyer les préleveurs dans des endroits éloignés de l'île, souvent de nuit, avec la difficulté de retrouver les coureurs qui, à l'annonce d'un contrôle, préféraient abandonner et se perdre dans les montagnes... Là aussi, il nous incombait d'obtenir des résultats. Clarisse Hoarau,

---

1. Hassan Hirt est déclaré positif à la suite d'un contrôle effectué le 3 août 2012. L'athlète est exclu des jeux Olympiques par le chef de la délégation française et président de la FFA, Bernard Amsalem (communiqué FFA).

Contrôle antidopage : comment ça marche

qui écumait tous les podiums des trails, a été contrôlée positive à l'EPO[1].

Pour nous, la publicité autour de ce genre de contrôle avait une fonction importante, celle de dissuader les autres coureurs...

Pourquoi certains cyclistes se mettent du produit vaisselle sur les mains...

Lorsqu'il se présente au sportif, le contrôleur doit au préalable montrer sa carte de préleveur et son ordre de mission. Il demande au sportif de se laver les mains. Surtout aux cyclistes. Car ceux-ci avaient une astuce imparable. Ils se mettaient du produit vaisselle sur les mains ! En effet, ce liquide contient des protéases, des enzymes qui brisent les liaisons peptidiques des protéines et rendent impossible l'analyse. Une fois sec, le produit devient invisible. Au moment du contrôle, il suffisait alors d'uriner sur ses doigts pour que les protéases se mêlent à l'échantillon...

Désormais, le contrôleur doit donc obligatoirement assister à la miction. Sur le Tour de France, il a aussi été demandé aux coureurs d'enlever leur maillot et de baisser leur cuissard. Car certains y

---

[1]. Clarisse Hoarau a eu sa confirmation de positivité EPO par l'AFLD par décision du 29 mars 2012. Elle a été suspendue pour deux ans de compétition d'athlétisme, UFOLEP et triathlon.

Dopage : ma guerre contre les tricheurs

cachaient des poudres ou des pilules, qu'ils introduisaient subrepticement pendant la miction pour la rendre impossible à analyser. Leur ingéniosité dans ce domaine n'a pas de limites.

Étape suivante, le préleveur scelle devant le sportif le flacon A et le flacon B. Celui-ci servira à la contre-expertise. Tout cela doit être méticuleusement respecté, sinon le sportif fera voler en éclats la procédure.

Chaque préleveur est équipé d'une glacière fournie par le laboratoire, avec un contrôleur de température afin d'éviter un écart de température et une rupture de la chaîne du froid. Ensuite, un transporteur collecte l'échantillon et le livre au laboratoire. À chaque étape de cette chaîne de possession, chacun notifie quand et où il a pris l'échantillon, ainsi que sa température. Si un problème survient, on peut ainsi faire l'historique précis.

Aujourd'hui, lorsque l'échantillon s'avère positif, une notification est envoyée au sportif par courrier, ainsi qu'à l'Agence mondiale antidopage, à la fédération nationale du sportif concerné et à la fédération internationale. Avant, l'information n'était délivrée qu'à la seule fédération nationale. Étrangement, un certain nombre de notifications se perdaient en route...

On le voit, ce processus s'avérait complexe et lourd à mettre en place, mais c'était la seule solution pour éviter les contentieux. Il fallait se prémunir après la guérilla juridique menée depuis tant

Contrôle antidopage : comment ça marche

d'années par les sportifs contrôlés positifs. Ceux-ci ont essayé de se disculper à travers des vices de procédure, comme l'ont fait Christophe Dugarry, qui a toujours contesté avoir pris des produits dopants, et tant d'autres. Le plus souvent, le grand public n'a retenu que l'information de l'annulation de la sanction, oubliant qu'il s'agissait d'un simple vice de procédure alors que le sportif avait bien été contrôlé positif... C'est-à-dire qu'il avait bien fait usage de produits dopants, comme Ben Johnson ou Lance Armstrong. Ce temps-là serait bientôt révolu.

7
Football : coups de canif dans l'omerta

Une véritable omerta règne dans le milieu du football à propos du dopage. Pourtant, plusieurs signes indiquent que ce sport n'est pas épargné...

C'est lendemain de réveillon. Aimé Jacquet a réuni l'équipe de France, qui prépare la Coupe du monde 1998 à Tignes pour un stage où les familles ont été invitées. Or, au petit matin du 26 décembre 1997, les contrôleurs du ministère des Sports débarquent à l'hôtel où résident Zidane, Deschamps et leurs coéquipiers, pour procéder à un contrôle inopiné. Ce n'était pas forcément une mauvaise idée. Le procès ultérieur de son club, la Juventus de Turin, montrera que dans ces années 1990, Didier Deschamps aurait présenté un taux d'hématocrite qui l'aurait empêché de prendre le départ du Tour de France... En effet, durant la saison 1994-1995, le taux d'hématocrite du futur sélectionneur de l'équipe de France a connu d'étranges variations.

Dopage : ma guerre contre les tricheurs

Les spécialistes en hématologie ont estimé qu'elles étaient probablement dues à la prise d'EPO[1]. Qu'on en juge : à la mi-janvier 1995, son taux était de 43,2 %, puis est monté à 51,9 % à la fin mars, avant de retomber à 39,3 % au terme de la saison, en juin. Pour repartir ensuite, la saison suivante, au mois d'octobre, à un taux de 48,4 %[2]. Rappelons que

---

1. « La justice italienne marque la Juventus à la culotte », *Libération*, 4 juillet 2001 ; Clément Guillou, « Didier Deschamps, témoin privilégié du dopage dans le foot », *Le Nouvel Obs*, 18 novembre 2016.
2. Lors du procès de la Juventus en 2002, l'hématologue Giuseppe D'Onofrio a remis un rapport d'expertise où les variations des paramètres sanguins de 49 joueurs avaient été étudiées. Le professeur était parvenu à la conclusion que l'EPO avait été utilisée de façon « systématique et intensive » et qu'un joueur comme Didier Deschamps présentait des variations physiologiques inexplicables. Face au constat de ces variations de taux, Didier Deschamps a répondu : « Cette histoire remonte à ma première année à la Juventus, lorsque je suis revenu de blessure : une rupture du tendon d'Achille. Tout ce que je peux dire, c'est que tout peut s'expliquer. » Dans un entretien à *L'Équipe* du 12 juillet 1999, Didier Deschamps, convoqué chez le juge dans le cadre du procès de la Juventus, expliquait : « Si on veut nous faire dire qu'on utilise des compléments alimentaires, c'est évident. Des sels minéraux, c'est tout aussi évident. Ceux-là, parfois par perfusion. Difficile de convaincre les gens qu'une perfusion ne signifie pas obligatoirement dopage ! Je ne dis pas qu'il faut idéaliser. Mais attention aux amalgames. Aujourd'hui, le dopage n'est plus considéré comme une suspicion, mais comme une certitude. Ça, c'est grave. »

Football : coups de canif dans l'omerta

l'on ne pouvait prendre le départ du Tour de France avec un taux d'hématocrite supérieur à 50 %. Car à ce niveau, soit on est très malade, soit on est très dopé ! Toujours est-il que l'opération de contrôle à Tignes tourne au scandale national. Le sélectionneur de l'équipe de France se montre outré que l'on vienne déranger ses joueurs un lendemain de fête. « Je suis favorable à des contrôles féroces, explique-t-il, mais cette pratique durant la trêve me choque. C'est assez mesquin, petit. Je souhaite une Coupe du monde propre mais pour un grand pays de droit, riche d'histoire comme le nôtre, je me demande qui peut bien ordonner de telles pratiques. Il y a 365 jours dans une année, un nombre important de matchs de préparation, et quelqu'un a trouvé le moyen d'ordonner un contrôle au lendemain du réveillon[1]... »

Noël Le Graët, l'actuel président de la Fédération française de football, alors président de la ligue de football, lui emboîte le pas. « Ce qui s'est passé mérite de figurer dans le grand bêtisier de fin d'année. Il faut être un peu tordu pour programmer des contrôles le dernier jour d'un stage familial de l'équipe de France. Ce ministère est un ministère sans argent qui se donne des allures répressives. Ce n'est pas très bien, ni glorieux. »

---

1. « À Tignes, sale temps pour la lutte antidopage », *L'Humanité*, 29 décembre 1997.

Dopage : ma guerre contre les tricheurs

Pourtant, le même jour, les vingt-trois joueurs de l'équipe de France de hockey, qui préparaient les jeux Olympiques de Nagano, avaient également été contrôlés non loin de là, à Saint-Gervais... Dans l'indifférence générale et sans que cela ne pose le moindre problème.
Toutefois l'opération a bien lieu. C'est Aimé Jacquet lui-même qui procède au tirage au sort des six joueurs à contrôler. Lionel Charbonnier, Fabien Barthez, Bruno N'Gotty, Franck Gava, Reynald Pedros et Florian Maurice sortent du chapeau. Les quatre derniers cités ne seront pas retenus par Aimé Jacquet pour disputer le désormais mythique Mondial en France. Suite à ce terrible traumatisme infligé aux joueurs de l'équipe de France, celle-ci ne sera plus contrôlée inopinément jusqu'à son sacre suprême...
On voit bien à travers cet épisode que le monde du football se croit – tout du moins se croyait – en dehors des contraintes imposées aux autres disciplines. À l'époque, même Marie-Georges Buffet a dû se désolidariser de la descente opérée par son ministère. Elle se rattrapera ensuite en se montrant intraitable sur le front du dopage. Car il y aura un avant et un après Marie-Georges Buffet. Et particulièrement pour les footballeurs.
L'ancienne rédactrice en chef des *Cahiers du communisme* est nommée ministre des Sports du gouvernement de Lionel Jospin le 4 juin 1997. Clin d'œil du destin, elle avait été, de 1977 à 1983,

Football : coups de canif dans l'omerta

adjointe au maire de Châtenay-Malabry, la commune où s'installera en 1989 le Laboratoire national de dépistage du dopage (LNDD) L'ancienne élue communiste va promouvoir une véritable politique de lutte antidopage. Ancienne basketteuse, elle cultivait de belles convictions sur la nécessité de lutter contre les tricheurs, pour l'éthique du sport. Elle disposait aussi d'un vrai courage politique pour affronter le monde sportif et ses lobbies. Tout cela conduira notamment à la loi qu'elle fera promulguer le 23 mars 1999, qui va considérablement « doper » nos moyens d'action.

Jusqu'à cette date, les règles en vigueur ne nous aidaient pas. Et particulièrement dans le football. Ainsi, lorsque nous arrivions à un match, deux joueurs de chaque équipe étaient désignés par tirage au sort, à la mi-temps, pour un contrôle ayant lieu seulement après le match. Mais au moment où nous voulions y procéder, il arrivait que certains des joueurs désignés aient disparu. En général, les dirigeants du club nous expliquaient qu'ils s'étaient blessés en deuxième mi-temps et étaient tout bonnement rentrés chez eux.

La fin des années 1990 sera marquée par ce que nous avons appelé une « épidémie de nandrolone ». Elle va toucher des sportifs de différentes disciplines mais surtout les footballeurs. La nandrolone est un stéroïde anabolisant dérivé de la testostérone. Elle permet au sportif de prendre facilement du muscle. Elle a aussi un effet antidouleur, notamment

Dopage : ma guerre contre les tricheurs

sur les articulations, ce qui permet de supporter de grosses charges d'entraînement.

Cyril Pouget, alors au Havre, avait été contrôlé positif le 12 septembre 1997, après le match Bordeaux-Le Havre. Antoine Sibierski, lui, a été contrôlé positif le 26 septembre 1997, lors de la rencontre Metz-Auxerre ; et Dominique Arribagé le même jour, à l'issue du match Toulouse-Guingamp. Enfin, Vincent Guérin le 5 octobre, à la suite de la rencontre Nantes-PSG. Ces affaires avaient été largement relayées par la presse. Guérin, qui jouait au PSG, a toujours clamé son innocence, comme tous les autres joueurs.

Curieusement, nous avions contrôlé deux autres membres du club parisien, mais rattachés à d'autres sections sportives : le handballeur Christophe Zuniga et le judoka Djamel Bourras[1]. Il nous fallait comprendre comment trois joueurs d'un même club, évoluant dans des disciplines différentes, avaient pu consommer de la nandrolone. À l'évidence, il ne s'agissait pas d'une démarche personnelle. Le Service régional de la police judiciaire de Versailles a été saisi de l'enquête. Nous avons croisé nos informations et celles-ci nous ont permis de remonter à un médecin du club. Il s'avérait que ce docteur prônait le « rééquilibrage hormonal ».

Cette pratique vient du constat suivant : le sport à haut niveau provoque des déséquilibres

---

1. Le premier est contrôlé positif le 30 septembre 1997 et le second le 2 octobre 1997, tous deux niant les faits.

Football : coups de canif dans l'omerta

physiologiques. En particulier, il diminue le taux d'hormones. Les partisans du rééquilibrage hormonal (dont le gourou fut le docteur François Bellocq, ancien médecin de l'équipe cycliste Peugeot, qui officiait à Bordeaux dans les années 1970-1980) considèrent donc qu'il faut donner des hormones aux sportifs afin qu'ils retrouvent un taux normal. Bien entendu, c'est tout simplement du dopage. Quand on présente un déficit si important, il est généralement dû à la fatigue. Il convient simplement de se reposer, de cesser un temps l'entraînement jusqu'à retrouver son état normal.

Nous suspections donc ce médecin du PSG de donner de la nandrolone – peut-être à leur insu, nous ne le savions pas – à certains sportifs du club. Cependant, nous n'en avons jamais eu la preuve, l'enquête de police n'ayant pas abouti. D'après nos informations, il dosait la testostérone avant et après les entraînements, puis rééquilibrait en fonction de la réaction de l'organisme, propre à chaque individu. Ainsi, le sportif ne souffre pas de courbatures et peut immédiatement reprendre à fond l'entraînement. Le problème de cette méthode, en dehors du fait qu'elle est interdite, c'est que le sportif s'entraîne toujours plus fort. Il prend du muscle mais les tendons, eux, restent les mêmes. Et finissent donc par casser.

Quand les policiers ont commencé à enquêter sur son cas, ce docteur est aussitôt parti travailler à l'étranger. Quant à Christophe Dugarry, évoqué plus haut, il a été contrôlé positif à la nandrolone le

Dopage : ma guerre contre les tricheurs

30 avril 1999. L'échantillon B a confirmé le taux élevé de ce produit révélé par l'échantillon A. Le professeur Jacques de Ceaurriz me confirmera qu'il ne pouvait être pris que de manière exogène. Mais l'ex-animateur de RMC va remuer ciel et terre avec ses avocats pour faire invalider la procédure. Avec succès. Le médecin qui avait procédé au contrôle n'était pas assermenté ! D'un point de vue juridique le contrôle fut logiquement annulé et le champion a pu continuer sa carrière.

Cet épisode forcément très médiatisé avait créé l'émoi dans le monde de la lutte antidopage. En conséquence, les procédures ont été totalement revues. Cela nous a permis de nous border davantage juridiquement afin que pareille mésaventure ne se reproduise plus. Merci « Duga » !

Ces contrôles montraient néanmoins que nous n'allions plus laisser les footballeurs tranquilles. La visite de l'équipe de France à Tignes avait été un premier signal. Une nouvelle ère débutait. D'autant plus avec Marie-Georges Buffet pour nous soutenir. Sa loi allait nous aider à contrôler au mieux les footballeurs. Désormais les préleveurs pouvaient arriver au dernier moment d'une rencontre et désigner qui ils voulaient sans tirage au sort. Cette mesure a été énormément contestée par les instances du football. Ces nouvelles pratiques ne leur plaisaient pas du tout. D'ailleurs, leurs représentants sont venus formellement nous le signifier. Car parfois, sur certains matchs importants, il nous est arrivé de contrôler

Football : coups de canif dans l'omerta

onze joueurs de chaque équipe, ceux qui étaient rentrés en première mi-temps.
Le 20 septembre 2010, un nouveau médecin s'est présenté à l'agence. Il venait d'être nommé directeur médical à la Fédération française de football et nous avions rendez-vous pour une prise de contact. Nous avons discuté dans mon bureau en présence de mes adjointes Maud Ehrlich et Sylvie Montalibet. Le docteur a commencé par s'étonner du nombre de contrôles dans le football. Il les jugeait trop importants ! Je lui ai expliqué que nous avions mis en place, conformément aux textes de loi, un plan annuel des contrôles validé par le collège de l'Agence française de lutte contre le dopage. Et ce plan prévoyait un nombre de sportifs identique pour tous les sports collectifs. Il s'est alors emporté, prétextant qu'aucun footballeur n'avait jamais été contrôlé positif à l'EPO. En conséquence, il nous fallait arrêter d'embêter les footballeurs pour nous concentrer sur des sports de tricheurs – dont il s'est empressé de nous citer les noms... Sidéré, j'ai néanmoins gardé mon calme pour lui répondre qu'il en était hors de question. Une politique avait été définie par le collège de l'agence et de toute manière, ce serait injuste vis-à-vis des autres disciplines. Chaque sport devait être traité de la même manière et avec équité. Le docteur s'est alors mis à hurler devant mes collaboratrices : « Mais qui vous êtes ? » Je lui ai rappelé ma fonction de « responsable national des contrôles antidopage ». Il m'a alors lancé :

Dopage : ma guerre contre les tricheurs

« Que représentez-vous vis-à-vis de nous ? Qui êtes-vous par rapport à nous ? » Puis il a quitté mon bureau en criant « Il se prend pour qui ? »

C'était la première fois qu'un responsable médical d'une fédération venait dans mon bureau pour me mettre ce que je ressentais comme de la pression. Avec nous, il était plutôt mal tombé : un mois après, je doublais le volume des contrôles sur le foot.

Heureusement, la commission médicale de la FFF était présidée par le professeur Pierre Rochcongar, qui avait, lui, un tout autre comportement. Malheureusement décédé depuis, le docteur Rochecongar ne se serait jamais conduit de la sorte et nous avons toujours travaillé avec lui en bonne intelligence.

Le comportement du médecin concerné traduisait en tout cas une forme de sentiment d'impunité du monde du football. Par exemple, lors d'un match Lyon-Marseille le dimanche 8 mai 2011, deux médecins avaient été dépêchés au stade de Gerland pour effectuer des contrôles sur des joueurs après la rencontre. Le docteur Philippe Radoszycki a relaté par courrier à l'Agence un incident avec le coach de l'OM. Sans y être invité, Didier Deschamps est entré dans le local réservé aux préleveurs. Il a expliqué aux médecins que le club avait déjà eu la visite d'un préleveur le vendredi et que huit joueurs de son équipe avaient déjà été contrôlés. « Il me dit que je devrais être au courant de ce contrôle,

Football : coups de canif dans l'omerta

raconte le médecin. Il précise que l'AFLD et ses préleveurs ont de la crème fraîche au lieu du cerveau. Je me permets de répondre que l'activité de préleveurs ne se résume pas aux prélèvements mais que chacun de nous a une activité professionnelle. Je précise que le lundi 9 mai (soit le lendemain), je réaliserai des autopsies à Lyon d'ordre judiciaire. [...] Il me confirme que l'AFLD et ses préleveurs sont incompétents. » Didier Deschamps ignore que l'on peut être contrôlé plusieurs fois, que c'est le lot des coureurs du Tour de France par exemple. Mais il se permet de mettre en cause des médecins qui viennent prélever des joueurs le soir, après une longue journée de travail à leur cabinet... Ses interventions nous montraient que certains acteurs de ce sport se croient en marge des autres, avec sa culture propre, avec laquelle il allait nous être difficile de composer. D'autant qu'il existe dans le football une affaire originelle qui a durablement pollué cet univers...

L'affaire VA-OM et la destinée de ceux qui avaient osé révéler la vérité ont plongé pour longtemps les acteurs du football dans un profond silence. L'ostracisme dont a été victime Jacques Glassmann a fait peser sur ce sport une chape de plomb mortifère. Tout le monde avait peur de briser cette omerta. À cause d'elle, nous avons été confrontés à des difficultés identiques à celles que rencontrent les services de police et de justice pour instruire des affaires. Chaque fois que nous avions

Dopage : ma guerre contre les tricheurs

un début d'information, il nous était quasiment impossible de tirer le fil et d'aller plus en avant. Car aucun acteur ne souhaitait parler, par peur de représailles.

Un jour, je lis dans *L'Équipe* les déclarations d'un médecin de club selon lequel il existe bien du dopage dans le foot. Aussitôt, je le contacte pour tenter d'obtenir des informations. Bien entendu, je lui assure que nos entretiens resteront strictement confidentiels. Malgré cela, il n'a pas voulu me donner la moindre piste...

Une autre fois, nous avons obtenu des informations sur un club qui pratiquait des autotransfusions sur ses joueurs avant les matchs. Exactement comme des coureurs tels que Riccardo Ricco le faisaient sur le Tour de France[1].

Dans l'antidopage, nous avions l'habitude de travailler dans des milieux compliqués mais selon moi, le football dépasse tout. Dans le cas de ce club, malgré toutes les informations dont nous disposions, nous n'avons pas pu aller plus loin. Pas d'enquête, pas de procédure judiciaire. On peut le faire sur les comptes de campagne d'un président de la République, mais pas sur un club de football ! Nous avons dû nous contenter de signaler discrètement au

---

1. Riccardo Ricco, contrôlé deux fois positif à l'EPO CERA sur le Tour de France en 2008, a admis s'être dopé devant les autorités italiennes et françaises.

Football : coups de canif dans l'omerta

club que nous étions au courant de ses activités illégales afin qu'il les cesse.

Je me souviens d'un procureur qui n'en revenait pas de cette difficulté d'enquêter dans le monde du football. Car à la loi du silence s'ajoutent les pressions de toute nature. Par exemple, nous avions obtenu des informations sur un réseau de dopage qui touchait un club de foot de Ligue 2. Grâce à la cellule régionale, nous avons mis en place un dispositif, une enquête policière, des écoutes, et procédé à des contrôles inopinés à l'entraînement. Lors d'une réunion pour faire le point sur l'affaire, le procureur nous a dit : « Je n'ai jamais eu autant de pression de ma carrière. Même sur des affaires de trafic de centaines de kilos de drogue... »

De la même manière, le président de l'Olympique lyonnais (OL), Jean-Michel Aulas, nous rendait la vie impossible. Chaque fois que des contrôleurs venaient procéder à un contrôle, à Lyon ou ailleurs, le président de l'OL leur mettait une pression infernale. Il profitait de sa notoriété et de la présence des médias pour tout contester. À tel point que les contrôleurs ne voulaient plus se rendre à Lyon, ni même avoir affaire à cette équipe ailleurs sur le territoire français.

Lassé de ce genre de comportement, j'ai organisé une réunion avec tous les présidents des clubs de Ligue 1. Il régnait une certaine tension autour de la table. Je me suis accroché avec le président de l'OL, à qui je reprochais son attitude. Il est alors allé se

Dopage : ma guerre contre les tricheurs

plaindre auprès du président de l'AFLD. Mais Pierre Bordry était un roc et résistait à toutes les pressions. Il a longtemps préservé l'indépendance de l'agence contre les multiples attaques dont elle était l'objet, et surtout il protégeait ses troupes. Bordry a alors expliqué à Aulas : « Je n'y peux rien, le directeur des contrôles est complètement indépendant administrativement. S'il veut, il peut vous contrôler tous les huit jours. » Aulas est alors revenu me voir, il m'a serré la main et m'a dit : « Vous n'aurez plus jamais de problème avec moi. » Effectivement, à partir de ce jour-là, nous n'avons plus eu le moindre problème pour effectuer des contrôles à Lyon ou ailleurs.

Face à cette omerta générale, il nous restait néanmoins les contrôles pour saisir la réalité du dopage dans le football. Et lutter contre. À mon arrivée à la tête du département des contrôles, j'ai opéré plusieurs blitz d'une seule journée, le même soir de championnat. J'ai envoyé une armée de contrôleurs sur tous les matchs de Ligue 1, avec la mission de tester chaque joueur. Cela représentait des centaines de contrôles. Du jamais vu. Mais il s'agissait de frapper un grand coup.

Nous n'imaginions pas attraper beaucoup de monde. Car le dopage est surtout une affaire de moyens. Des structures comme les clubs de foot en disposent – si elles le souhaitent – pour s'offrir de bons médecins, de bons protocoles de dopage, de bons produits. Les clubs ont aussi la surface

Football : coups de canif dans l'omerta

financière pour protéger leur logistique. C'est le nerf de la guerre, la logistique. Les sportifs que l'on attrape sont ceux qui n'ont pas les moyens de se protéger, de s'organiser efficacement de manière invisible. Cette vague massive de contrôles avait surtout pour fonction d'envoyer un signal fort.

Finalement, une autre voie va nous confirmer que le football n'est pas épargné par le dopage.

En novembre 2008, l'agence a décidé de se lancer dans une expérimentation d'analyse des phanères. Le secrétaire général de l'agence, Philippe Dautry, envisageait une évolution de l'Agence mondiale antidopage vers ces tests qui, additionnées aux tests sanguins et urinaires, effrayaient énormément les tricheurs. Il espérait qu'un jour l'AMA validerait ces analyses de phanères, qui sont redoutables pour les dopés. Les phanères, ce sont les cheveux, les poils et les ongles. Si on ne peut y déceler l'EPO, en revanche on peut retrouver presque tout le reste lors des analyses : les anabolisants, les amphétamines... Et surtout, on peut remonter loin dans le temps. À l'inverse des contrôles urinaires, qui permettent de trouver un produit seulement après sa consommation. Par ailleurs, ces prélèvements de phanères permettaient de mieux identifier les populations à risque et compléter ainsi les futurs résultats des paramètres sanguins, par l'amélioration des ciblages, en croisant toutes les informations.

Pour cette expérimentation, le secrétaire général avait dégagé un budget permettant d'effectuer 130

Dopage : ma guerre contre les tricheurs

à 140 analyses. Après consultation de toute mon équipe et du professeur Rieu, nous avons fait le choix de sélectionner une trentaine d'échantillons dans chacune de ces disciplines : football professionnel, athlétisme, rugby professionnel, cyclisme amateur et professionnel.

Les deux laboratoires reconnus dans le domaine ont été sollicités pour analyser ces échantillons. Nous savions qu'il ne serait pas possible d'utiliser les résultats pour prononcer des sanctions, l'analyse des phanères n'étant pas inscrite dans le Code mondial antidopage – même si elle figurait dans le Code du sport français.

Quelques semaines plus tard, les directeurs des laboratoires d'analyses de phanères, Gilbert Pépin (pour Toxlab à Paris) et Pascal Kintz (pour Chemtox à Strasbourg), ont présenté leurs résultats à l'AFLD. Et là, ce fut la stupéfaction. Pour trois raisons : d'abord en raison de la discipline qui comptait le plus grand nombre de sportifs positifs, ensuite pour le nombre important d'échantillons positifs, et enfin par la nature des produits trouvés. Les deux laboratoires n'avaient pourtant déclaré positifs que les échantillons caractéristiques, c'est-à-dire qui présentaient des taux très élevés de substances dopantes. Sur 133 sportifs dont on avait analysé les cheveux, on a retrouvé des traces d'anabolisants sur une vingtaine d'entre eux. La discipline la plus touchée ? Le football. 21,8 % des footballeurs prélevés avaient pris des anabolisants. C'est-à-dire plus que

Football : coups de canif dans l'omerta

les rugbymen (16,7 %), les athlètes (13,6 %), et deux fois plus que les cyclistes professionnels (10,8 %). Nous évoquons uniquement ici les cas qui explosaient les compteurs, ce qui signifie que les chiffres auraient été encore plus importants s'il s'était agi d'un contrôle normal et non d'un test. La principale hormone relevée dans ces échantillons était la DHEA (déhydroépiandrostérone, ou prastérone). Elle figure sur la liste des produits interdits et n'est délivrée que sur prescription médicale, avec une préparation faite en pharmacie. Sa demi-vie étant brève, la DHEA était difficilement décelable par un contrôle antidopage classique.

Ces résultats surprenants démontraient qu'il existait bien du dopage dans le foot et que le phénomène était loin d'être marginal. Bien entendu, la liste des sportifs positifs ne pouvait en aucun cas être communiquée, même si le standard téléphonique de l'agence était proche de l'explosion. Cette liste secrète a été aussitôt placée dans le coffre de l'agence. La révélation des noms des footballeurs aurait provoqué un scandale puisque des grands joueurs y figuraient. Mais ce n'était pas le but de cette étude, qui visait à explorer l'efficacité des contrôles par les phanères.

Jacques de Ceaurriz, le directeur du laboratoire de Châtenay-Malabry, avait analysé les échantillons d'urine et de sang des athlètes dont on avait prélevé les phanères. Il avait poussé ses machines au maximum pour tenter de réussir à détecter les molécules

Dopage : ma guerre contre les tricheurs

qui étaient apparues dans les phanères. Les résultats de ces réanalyses s'étaient révélés négatifs... Car avec la DHEA, les métabolites disparaissent au bout de 24 à 48 heures. Voilà pourquoi les footballeurs qui avaient consommé des anabolisants sont passés à travers les contrôles antidopage classiques. Évidemment, ils connaissaient ce processus, ou du moins était-ce le cas de leurs médecins. Cela montre tout l'intérêt qu'il y aurait eu à inscrire les phanères dans le Code mondial antidopage. Mais à ce jour, ce n'est toujours pas le cas.

Si elle n'a pas donné les noms, l'agence a tout de même communiqué les chiffres de l'enquête. Avec cette révélation, le monde du football ne pouvait plus se voiler la face. Ces résultats prouvaient que la prise de produits interdits dans le milieu du football était loin d'être négligeable. Malgré cette démonstration, l'information ne va pas filtrer davantage dans les médias... Et nous aurons toujours du mal à pénétrer ce milieu.

8
Rugby, tennis, le bon et le mauvais élève

Rugby, des exceptions dans les valeurs.

Si le monde du football nous était impénétrable, il en allait tout autrement du rugby. Les contacts avec la fédération française ont tout de suite été excellents. Il y avait une volonté sincère des dirigeants de préserver leur sport du dopage. Aussi partageaient-ils de manière très transparente toutes les informations en leur possession. Dès qu'ils avaient des doutes sur un club, ou un préparateur physique, ils nous en faisaient part.

Un jour, j'ai envoyé dans toute la France un bataillon de contrôleurs sur une journée de TOP 14, pour tester l'ensemble des clubs. Et à la suite de cette opération, les instances du rugby ont remercié l'agence pour ces contrôles massifs !

Nous avons très bien travaillé avec le président Bernard Lapasset. Il nous faisait passer des lettres

Dopage : ma guerre contre les tricheurs

anonymes qui donnaient des informations sur des activités de dopage et nous a permis d'enquêter.

Pierre Camou, qui lui a succédé à la tête de la Fédération, aujourd'hui décédé, craignait lui aussi que son sport ne soit, à terme, gangrené par le dopage. Il nous a donc énormément facilité la tâche. En cela, le rugby se distinguait de beaucoup d'autres sports, grâce à l'attitude très positive de ses dirigeants dans la lutte contre le dopage. Par exemple, à une période, nous avons constaté un afflux d'autorisations à usage thérapeutique (AUT) dans les clubs. C'est-à-dire que les joueurs avaient la permission d'utiliser pour raison médicale des produits normalement prohibés.

Devant le nombre excessif de ces AUT, il était évident qu'il s'agissait d'une forme de dopage déguisé. Les joueurs n'étaient pas vraiment malades mais les clubs cherchaient à améliorer leurs performances avec l'utilisation de médicaments. Christian Bagate, le président de la commission médicale de la Fédération française de rugby, a réuni tous les médecins de clubs pour mettre un terme à ces pratiques. En quelques semaines, le problème était réglé.

Disons que le rugby, fort de sa culture, dispose de cette faculté à régler ses problèmes en interne sans que cela ne fasse trop de vagues. J'en serai d'ailleurs victime. Car si, d'une manière générale, les responsables de ce sport ont été exemplaires, il y a eu des exceptions sur quelques cas épineux. Certains ont su faire passer leurs stars entre les mailles

Rugby, tennis, le bon et le mauvais élève

du filet. Comme ils étaient d'ordinaire irréprochables, ils ont réussi à nous rouler dans la farine. De la même manière, le rugby cultive l'entresoi. Ses réseaux de solidarité ont permis à quelques clubs de prévenir les joueurs de l'arrivée des contrôleurs. Car les rugbymen ont des amis partout. Donc également dans nos rangs, notamment dans leurs bastions du Sud-Est et Sud-Ouest.

La première grosse affaire que nous avons eue à traiter fut le contrôle positif à la cocaïne du pilier international du Stade français, Pieter de Villiers[1]. Plusieurs informations nous étaient remontées à propos du Stade français. Mais c'était compliqué de mettre en place une vaste opération de contrôle car à l'époque, le club ne disposait pas d'un centre d'entraînement fixe. Les joueurs évoluaient sur plusieurs sites et chaque semaine les lieux et les horaires changeaient. De plus, avants et trois-quarts s'entraînaient sur des terrains différents.

Après trois mois d'investigations et de reconnaissance des lieux, nous avons décidé d'intervenir. Mais le 18 décembre 2002, lorsque nous débarquons au stade où nous pensions les trouver, aucun

---

1. Pieter de Villiers, contrôlé positif à la cocaïne à l'entraînement, a été suspecté de dopage. Le président de la Fédération française de rugby Bernard Lapasset l'avait suspendu à titre provisoire pour le match Angleterre-France du 15 février 2003, en attendant les décisions ministérielles. Cette substance étant autorisée à l'entraînement, cette affaire a été classée sans suite.

Dopage : ma guerre contre les tricheurs

joueur n'est présent. Nous nous faisons alors passer pour des journalistes et demandons au gardien du stade où sont les joueurs. Il nous apprend qu'ils effectuent une séance de musculation à l'Aquaboulevard. Nous avions anticipé ce cas de figure sur l'ordre de mission car il arrivait que le club loue une salle dans ce complexe. Une demi-heure plus tard, nous pénétrons dans la salle où les joueurs sont en pleine séance de musculation. Nous procédons à la notification de tous les sportifs présents. Pour l'occasion, les policiers en civil de la brigade des stupéfiants nous assistent, pour voir comment se déroule un contrôle et nous venir en aide si besoin. Mais le contrôle se déroule sans problème, comme toujours dans le rugby. Sauf qu'il manque un joueur important. D'après ses collègues, il se trouvait sur un autre site. J'ai maintenu un préleveur en attendant sa venue, car la fédération internationale avait quelques soupçons et nous avait spécifiquement demandé de le cibler.

Quelques jours plus tard tombent les résultats du contrôle de l'Aquaboulevard. Les urines de Pieter de Villiers étaient positives à la cocaïne. Dans un premier temps, nous avons été surpris par ce résultat. Nous pensions plutôt trouver d'autres substances. Nous comprendrons plus tard, à la lumière d'informations ultérieures sur l'utilisation de la cocaïne par les joueurs, ce que signifiait le mystérieux code « LMM » qui n'avait pas été appliqué par de Villiers. Il s'agit de l'acronyme de « lundi, mardi,

Rugby, tennis, le bon et le mauvais élève

mercredi». Dans la nomenclature de l'antidopage, la cocaïne est une drogue dite récréative, c'est-à-dire qu'à l'époque elle était interdite uniquement en match. Mais pas durant les entraînements. Or il faut en général deux jours pour que les traces de cocaïne dans les urines disparaissent. Mais cela peut parfois prendre jusqu'à quatre jours. Les joueurs prenaient donc de la cocaïne le samedi soir après le match, et parfois en début de semaine, notamment pour atténuer les douleurs post-match et supporter les entraînements à venir. D'où le nom «LMM», qui peut devenir «SDL» ou «DLM» s'ils vont jouer le samedi ou le dimanche. Ils laissent quatre jours entre leur dernière prise et le jour du match où ils risquent d'être contrôlés. Sauf que cette fois-là, le joueur a été contrôlé le mercredi, avant que le délai d'élimination de la cocaïne soit écoulé... Mais justement, Pieter de Villiers avait été contrôlé en semaine. Selon la réglementation de l'époque, il ne pouvait donc pas être sanctionné.

Malheureusement, l'information de la positivité du contrôle a fuité dans la presse. Cela a fait beaucoup de bruit car de Villiers était l'un des joueurs majeurs du XV de France de Bernard Laporte et du Stade français de Max Guazzini. Il expliquera avoir effectué une grosse troisième mi-temps après un match contre les Harlequins, le 14 décembre. Selon ses explications, il aurait consommé la cocaïne à son insu, elle aurait été versée dans son verre de bière... On l'a vu, la durée de positivité de la cocaïne dans les urines est de 2 à 4 jours. Mais seulement si l'on est un consommateur occasionnel. Pour un consommateur régulier, le délai est différent : entre 10 et 14 jours. On pouvait douter de la prise « à son insu » mais les délais s'avéraient compatibles avec une prise occasionnelle. Peu importe, juridiquement de Villiers n'avait pas enfreint la législation. Il sera juste suspendu par sa fédération pour manquement à l'éthique.

Le lendemain de la publication dans les médias de la « positivité » de Pieter de Villiers, j'ai été convoqué à 7 h 30 par le chef de cabinet du ministre pour lui expliquer toute la genèse de l'organisation du contrôle.

Nous allons ensuite travailler sur plusieurs préparateurs physiques qui disposaient de salles de musculation dans le Sud-Est ou le Sud-Ouest. Nous avions appris que des joueurs de plusieurs clubs du TOP 14 se rendaient chez un préparateur qui produisait des compléments alimentaires dans les Pyrénées...

Malheureusement, la guerre des polices va faire échouer l'enquête et le préparateur physique ne sera condamné que pour des manquements administratifs. Une autre enquête va échouer, à ses prémices cette fois, à cause d'une fuite malheureuse dans la presse.

Nous étions également détenteurs de renseignements faisant état d'une suspicion de dopage au sein d'un club de rugby du sud de la France. À la

Rugby, tennis, le bon et le mauvais élève

demande de l'Office central de lutte contre les atteintes à l'environnement et à la santé publique (OCLAESP), nous avons déclenché l'article 40 du Code de procédure pénal. Cet article daté du 14 mai 2015 stipule que toute autorité constituée, tout officier public ou fonctionnaire qui, dans l'exercice de ses fonctions, acquiert la connaissance d'un crime ou d'un délit, est tenu d'en donner avis sans délai au procureur de la République.

L'opération de surveillance du club s'est donc effectuée dans le cadre d'un protocole d'accord signé entre l'OCLAESP et l'AFLD, qui permettait l'ouverture d'une enquête préliminaire, et aux enquêteurs de faire des investigations. Ainsi, plusieurs membres du club ont pu être placés sur écoute. Ces écoutes commençaient à devenir intéressantes lorsque l'information a fuité. Évidemment, après cela, les écoutes ne donnaient plus rien. L'enquête était mort-née.

Nous disposions également de renseignements à propos d'un autre club du sud de la France. Mais chaque fois que l'on venait réaliser un contrôle « par surprise », ce club avait délocalisé « par hasard » son entraînement loin de ses bases. On comprendra plus tard que le club était informé par un membre de notre administration.

C'est le paradoxe du rugby. Ce sport craint vraiment, de façon justifiée par ailleurs, que le dopage ne vienne infester ses rangs. Mais dès qu'un

Dopage : ma guerre contre les tricheurs

élément est ciblé, la « famille » vient à son secours. Je l'ai expérimenté à mes dépens.

Fort de la confiance que nous avions tissée avec ses dirigeants, je préviens la fédération que l'un de ses joueurs emblématiques présente un profil biologique très étrange. Et qu'en conséquence nous nous apprêtons à le contrôler inopinément. La semaine suivante, le joueur était soudainement blessé et écarté des terrains pour un long moment. Sur ce coup, je me suis fait avoir par les valeurs du rugby... Mais ce sport reste néanmoins, sur le fond, une discipline qui nous aide beaucoup, notamment pour intervenir chez les jeunes joueurs.

Je ne pourrais pas en dire de même du tennis international.

Tennis, la colère de Tony Nadal. Selon que vous serez puissant ou misérable...

Dans le tennis, les attitudes sont diamétralement opposées entre les instances qui gèrent le circuit professionnel mondial et la fédération française. Cette dernière a toujours collaboré avec l'agence. Entre nous, les relations étaient particulièrement bonnes, notamment avec Gilbert Ysern, le directeur de Roland-Garros, et son adjoint Jérémy Botton que j'avais connu chez ASO. Ils nous avaient donné des moyens financiers pour contrôler leurs centres

Rugby, tennis, le bon et le mauvais élève

de formation, ce qui est rare. Ils souhaitaient ardemment que l'on intervienne auprès des jeunes. Ils avaient même tenté de nous rapprocher des instances internationales, en vain malgré tous leurs efforts.

En revanche, travailler avec l'Association des tennismen professionnels (ATP) et la Fédération internationale de tennis (ITF) a toujours été très compliqué. En 2009, nous organisons pour la première fois un certain nombre de contrôles inopinés à Roland-Garros, avec l'aval de l'ITF. Nous n'avons pas obtenu d'avoir la main sur ces contrôles. Une société privée devait s'en charger, mais elle n'opérait pas avec nos valeurs... Par exemple, elle ne réalisait que des contrôles avec des analyses classiques, alors que si j'avais eu la main, j'aurais certainement demandé des tests EPO.

Chaque jour je communiquais deux noms de joueurs masculins, et le lendemain deux noms de joueuses, pour un total, sur la compétition, de douze contrôles. Ce qui ferait hurler de rire les cyclistes du Tour de France... En outre, pour des raisons inexplicables, les échantillons étaient toujours expédiés au laboratoire de... Montréal, alors que celui de Châtenay-Malabry se trouve à un quart d'heure en voiture de la Porte d'Auteuil !

Malgré ce faible nombre de contrôles, le monde du tennis a été courroucé de devoir s'y prêter. Devant le tollé suscité, le président de l'AFLD Pierre Bordry a rencontré Ricci Bitti, le président de

Dopage : ma guerre contre les tricheurs

l'IFT. La confrontation entre ces deux hommes au caractère bien trempé s'est plutôt mal passée. Surtout quand le président Bordry a fait part au président de l'IFT de son intention de vouloir réaliser des contrôles inopinés ciblés lors du prochain tournoi de Bercy. Et qu'ils seraient cette fois intégralement opérés par nos soins. C'était d'autant plus légitime que la fédération allemande nous avait fait des demandes spécifiques pour cibler certains de ses joueurs. Ricci Bitti lui a opposé un refus cinglant, ce qui n'avait rien d'illicite. C'est étrange, tout de même, qu'un président de fédération internationale refuse que l'on réalise des contrôles gratuitement sur ses compétitions...

Heureusement, le Code mondial antidopage prévoit qu'après une vaine tentative de négociation entre une fédération internationale et une agence nationale, cette dernière peut faire appel à l'AMA pour obtenir l'autorisation de pratiquer des tests durant une compétition. L'AFLD, devant le refus d'obtempérer de l'IFT, a donc fait la demande auprès de l'AMA, qui lui a répondu favorablement. Cette réponse est arrivée quelques heures seulement avant le début du tournoi de Bercy.

Nous avions décidé de ne pratiquer au total que sept contrôles : sur trois Français, trois Allemands et un Espagnol. Les contrôles avec les joueurs allemands et français, notamment Jo-Wilfried Tsonga et Gaël Monfils, se sont très bien déroulés, dans le

Rugby, tennis, le bon et le mauvais élève

calme et la courtoisie. Il n'en a pas été de même avec le tennisman espagnol. Le médecin préleveur Samir Mesbahi s'était présenté devant la chambre d'hôtel de Rafael Nadal. Je lui avais demandé de ne pas intervenir trop tôt afin de le laisser dormir. On prend moins de précautions avec les cyclistes... Dès le début de l'intervention du médecin, le champion et son entourage se sont montrés... très hostiles. Tony Nadal, l'oncle et l'entraîneur de Rafael Nadal, était particulièrement en colère. À tel point que Samir m'a appelé pour me passer le coach espagnol. Celui-ci m'a alors couvert d'injures, dans un assez bon français, pour avoir diligenté ce contrôle. « Un scandale ! » hurlait-il.

J'espère, en tout cas, que ce n'est pas à cause de notre intervention que Rafael Nadal s'est incliné sèchement le lendemain de ce test, face à Novak Djokovic.

Au printemps, il avait également perdu le lendemain d'un contrôle, à Roland-Garros, en huitième de finale face à Robin Soderling. Et il figurait déjà parmi les douze joueurs que j'avais désignés.

Ces contrôles nous ont attiré les foudres de la Fédération internationale de tennis. C'est la seule et dernière fois que nous avons pu procéder à des contrôles inopinés, et ciblés par nos soins, sur ces grands tournois de tennis en France.

Il est intéressant de noter que ce comportement rejoignait celui de l'Union cycliste internationale qui, comme on le verra plus loin, ne supportait pas

Dopage : ma guerre contre les tricheurs

l'intervention de l'Agence française de lutte contre le dopage dans ses compétitions. L'analogie peut se poursuivre dans la manière d'organiser les contrôles de ses sportifs. Dans le cyclisme comme dans le tennis, les fédérations internationales affichaient un volume de contrôles conséquent devant les médias. En revanche, si on regarde plus précisément l'identité des sportifs contrôlés, on constate qu'il s'agit essentiellement de joueurs ou de cyclistes de seconde zone. Les stars de la discipline sont très peu contrôlées. En tennis par exemple, les meilleurs n'étaient contrôlés qu'en finale. Mais jamais aucun grand tennisman n'était contrôlé inopinément à l'hôtel avant la compétition ou durant les périodes de préparation et d'entraînement. Et il n'y avait jamais de contrôles sanguins.

Le plus injuste, c'est que les sans-grades étaient systématiquement testés plusieurs fois. Quelques rares grands joueurs, comme Roger Federer, ont demandé qu'il y ait davantage de tests sanguins. Ils n'ont jamais été entendus.

9
Armstrong : l'impossible traque

Les protections d'un homme d'État.

Lance Armstrong a gagné son premier Tour de France en 1999. Un peu moins de trois ans après qu'on lui a diagnostiqué un cancer des testicules. Ses performances après son retour à la compétition à la suite de son cancer, son changement de profil de coureur et certaines informations ont éveillé assez tôt les soupçons dans le monde de la lutte antidopage. Or il accomplira une longue carrière sans être inquiété.

Pourtant le coureur texan est contrôlé positif aux corticoïdes dès son premier Tour victorieux, le 4 juillet 1999, à l'issue de la première étape entre Montaigu et Challans. Son équipe médicale lui fournira un certificat médical antidaté – comme l'a révélé Amstrong ultérieurement – et l'Union cycliste internationale n'y trouvera rien à redire. Alors que l'article 43 de son propre règlement indique qu'un certificat médical ne peut être présenté qu'au moment du contrôle !

Dopage : ma guerre contre les tricheurs

Si l'UCI, l'Union cycliste internationale, avait fait son travail lors de ce premier Tour, il n'y aurait jamais eu d'histoire Armstrong, ni de carrière d'Armstrong. L'Américain remporte les Tours 1999, 2000, 2001, 2002, 2003, 2004, 2005... Et passe chaque fois entre les mailles du filet. Ses contrôles sont systématiquement négatifs. Il ne manque d'ailleurs jamais une occasion de le rappeler. Ce sera son antienne pour repousser toute suspicion.

Pourtant, déjà à l'époque, nous sommes informés que le Texan suit un protocole de dopage lourd. Encore faut-il comprendre comment il parvient à déjouer les contrôles.

Nous faisons analyser de manière très poussée ses urines par un laboratoire privé spécialisé dans la toxicologie. Et là, les experts sont interloqués. Ses urines sont claires comme l'eau d'un torrent de montagne. Des urines de bébé. À partir de ce moment, nous avons la conviction que quelque chose ne va pas.

En 2004, lorsque les journalistes Pierre Ballester et David Walsh publient le livre *L.A. Confidentiel*, dans lequel des personnes de l'entourage d'Armstrong font des révélations sur le dopage du cycliste texan, les policiers de la brigade des stupéfiants prennent les choses en main. Ils se rendent à Londres pour interroger l'ex-kinésithérapeute de Lance Armstrong, Emma O'Reilly, afin de recueillir son témoignage sur le dopage du multiple vainqueur du Tour de France. De notre côté, nous configurons notre dispositif pour tenter de faire tomber

Armstrong : l'impossible traque

l'Américain. Nous allons nous heurter aux protections importantes dont bénéficie le Texan dans le monde cycliste – mais aussi jusqu'au plus haut niveau de l'État français.

À la suite de l'audition menée à Londres par les policiers, une enquête préliminaire est ouverte à l'encontre d'Armstrong, sous le contrôle d'un procureur de la République. Grâce à ce cadre juridique, les forces de l'ordre mettent en place un vaste dispositif pour procéder à une intervention policière, assortie de perquisitions lors du prochain Tour de France. Mais au dernier moment, sans que l'on sache pourquoi, la juge annule l'opération.

Quelques années après que la vérité sur Armstrong a enfin éclaté, j'ai croisé par hasard cette juge sur un marché. Je n'ai pas pu m'empêcher de lui demander pourquoi elle avait annulé cette opération. Elle m'a répondu : « Vous vous rendez compte ? C'était Armstrong... »

Je n'avais jamais rencontré le champion. Mais comme un *profiler*, je me suis imprégné de tous ses comportements, j'ai lu ses interviews pour saisir sa personnalité et sa psychologie, afin de me mettre à sa place et tenter d'anticiper ses attitudes. Trouver la faille. J'étais convaincu que l'Américain ferait une erreur, tant il se croyait intouchable, invulnérable. Il avait raison – du moins à l'époque. Il était protégé comme aucun autre sportif. Et il disposait d'une logistique parfaitement sécurisée. Mais ce qui allait le perdre, c'était son arrogance.

Dopage : ma guerre contre les tricheurs

Après avoir annoncé sa retraite, au soir de la conquête de son septième Tour de France en 2005, Lance Armstrong annonce le 9 septembre 2008 qu'il va revenir à la compétition ! La nouvelle fait le tour du monde et reçoit une attention particulière au 229 boulevard Saint-Germain, siège de l'Agence française pour la lutte contre le dopage.

Quelques mois plus tard, au printemps 2009, son retour sur le sol français est acté, il va prendre part au Tour de France. Aussitôt après l'annonce de son retour, j'ai rassemblé toute mon équipe. Le département des contrôles était au complet. Chacun se demandait quel était l'objet de cette réunion en urgence. J'ai prononcé un discours de combat comme peut le faire un militaire à la veille d'une opération. C'était nécessaire, la dimension psychologique était importante. Armstrong n'est pas un sportif comme un autre, il dispose de protections dans le milieu du sport mais aussi dans celui de la politique, des appuis dont aucun autre champion ne bénéficie. Ce sportif est probablement dopé. Notre institution a la responsabilité de mener la lutte contre tous les tricheurs. Mais paradoxalement, c'est lui le pot de fer et nous sommes le pot de terre. Nos moyens sont modestes en comparaison des siens, de sa logistique, de l'argent dont il dispose pour acheter, corrompre, s'organiser. Mais nous avons pour nous notre détermination, la conviction que notre combat est juste. Surtout – et c'était notamment l'objet de ma prise de parole –

Armstrong : l'impossible traque

Armstrong est un homme. Il a forcément une faille. Aussi va-t-il commettre une erreur. Ils le font tous. « Lance Armstrong vient de faire une grave erreur, qui va causer sa perte », ai-je assuré à mon équipe. « Il n'aurait jamais dû revenir... » Désormais, notre objectif sera de le contrôler dès qu'il mettra un pied sur le territoire de la République. Et nous serons présents à toutes les compétitions auxquelles il participera en France, en veillant avec exigence au respect des procédures de contrôle. Nos informateurs seront tous en état d'alerte maximale. Notre équipe épluchera tous les articles de journaux le concernant. Et il y en avait beaucoup : à chaque endroit où Armstrong posait un pied, la presse locale s'en faisait l'écho. Et comme tout cela ne suffira pas, le hasard nous donnera un coup de main.

La fausse douche de Saint-Jean-Cap-Ferrat.

Le président de l'agence, Pierre Bordry, avait une résidence dans les environs de Nice, proche d'une maison louée fréquemment par Armstrong. Celui-ci aimait venir s'entraîner dans les Alpes-Maritimes, où il bénéficiait du relief accidenté et du climat agréable. Le Texan avait ses habitudes dans un restaurant où se rendait également Pierre Bordry. Les deux hommes prenaient parfois leur repas à quelques tables l'un de l'autre. Mais Armstrong ne

Dopage : ma guerre contre les tricheurs

se doutait pas que cet autre convive travaillait à sa chute.

Bien sûr, les contacts sur place de Bordry le tenaient informé des faits et gestes de l'Américain. Une fois Armstrong localisé, il nous fallait organiser son contrôle inopiné, déléguer un préleveur sur son lieu de résidence. Et tout anticiper pour éviter le moindre risque de vice de procédure.

Notre opération avait été le sujet de bon nombre de réunions avec les juristes de l'agence et tout avait été soigneusement préparé plusieurs semaines à l'avance. Les simulations juridiques et logistiques avaient été validées dans les moindres détails. Ne restait plus qu'à décider du jour J. Nous réalisions chaque année des milliers de contrôles mais procéder à celui, inopiné, de Lance Armstrong s'apparentait à une opération militaire.

Le choix de la date avait été soigneusement étudié. Nous avions obtenu le feu vert du déclenchement de l'opération pour le 17 mars 2009. Ce jour-là, tous les agents du département des contrôles étaient à leur poste. L'alerte était maximale. Nous étions tous fébriles tant le personnage était imprévisible. Et nous savions ne surtout pas pouvoir compter sur l'aide de l'UCI. Il valait mieux ne rien leur dire car quelqu'un à la Fédération internationale risquait de le prévenir. Nous avions raison de nous méfier...

Enfin, nous apprenons que le coureur vient d'arriver dans sa résidence de Saint-Jean Cap-

Armstrong : l'impossible traque

Ferrat. Mais comme nous ne pouvons pas prévenir l'UCI, nous n'avons pas de mandat pour le contrôler chez lui. Notre seule possibilité légale consiste à le contrôler lorsqu'il s'entraîne. La loi française permettait en effet des contrôles sur des sportifs étrangers quand ceux-ci s'entraînaient sur le territoire français.

Comme nous n'avions aucune information sur son emploi du temps, il fallait espérer qu'il effectue une petite sortie d'entraînement. Le risque était qu'il quitte son lieu de résidence dans un véhicule pour se rendre plus loin. Nous avons néanmoins décidé de tenter notre chance.

Notre préleveur de choc, Olivier Grondin, est donc envoyé à Nice. Comme s'il s'agissait d'une attaque militaire, nous allons suivre le contrôle en temps réel depuis notre siège parisien... D'emblée, la chance n'est pas avec nous. Car au moment où Grondin arrive à la maison louée par Armstrong, il aperçoit le septuple vainqueur du Tour s'éloigner sur son vélo. Il l'a manqué à deux minutes près... Ne reste plus qu'à attendre le retour du Texan. Grondin se gare à proximité de la maison. L'attente commence... Les minutes puis les heures défilent. Bientôt, notre médecin en planque commence à avoir soif et faim. Les gendarmes de l'OCLAESP qui suivent l'opération contactent leurs collègues dans la région. Une voiture de gendarmerie ravitaille discrètement notre homme en planque. « Excellent

plateau-repas », se souviendra le préleveur. Il ne faudrait pas qu'Armstrong arrive à ce moment-là...
La journée s'étire. Olivier trouve le temps vraiment long. La tension monte à l'agence. D'autant que le docteur Grondin doit impérativement rentrer le soir même à Paris. Il travaille à son cabinet le lendemain. Il a une heure butoir pour avoir le dernier avion, après quoi il devra lever le camp. Dans ce cas, la mission sera un échec. Et nous aurons gaspillé l'argent public.

Et soudain, au moment où notre préleveur hésitait à partir pour l'aéroport de Nice, Armstrong surgit au bout de la rue, sur son vélo ! Olivier Grondin sort de sa voiture et se présente au cycliste. Il lui montre sa carte de préleveur et son ordre de mission. Il procède à ce qu'on appelle la notification : il explique au sportif qu'il doit se soumettre à un contrôle antidopage. Si Armstrong l'accepte, il peut être prélevé à son domicile. En cas de refus, nous avions prévu d'effectuer le contrôle dans un local de la gendarmerie de Beaulieu-sur-Mer. Le docteur Grondin précise à Lance Armstrong qu'à partir du moment où il est notifié, il doit rester sous l'observation directe du préleveur, de façon permanente jusqu'à la fin de la procédure de prélèvements des échantillons.

Comme la majorité des sportifs dopés, Lance Armstrong connaît parfaitement ses droits. Il rappelle au médecin que pour effectuer le prélèvement sanguin, il faut attendre deux heures, comme convenu dans les standards lorsqu'un sportif vient

Armstrong : l'impossible traque

de faire un effort. Olivier Grondin lui assure qu'il en sera bien évidemment ainsi. Il est alors 16 h 10. Soudainement, Lance Armstrong rentre chez lui et claque la porte au nez du préleveur. Cela va complètement à l'encontre de la procédure que le médecin vient pourtant de lui décrire. Armstrong se trouve désormais en infraction avec le Code de l'Agence mondiale antidopage. Comme je suis l'opération en direct, j'informe aussitôt le président de l'agence, Pierre Bordry. Puis le manager d'Armstrong, Johan Bruyneel, sort de la maison. Olivier Grondin lui explique que si Armstrong persiste à lui refuser l'accès de sa maison, il peut faire appel à la force publique. Bruyneel lui répond que son sportif est au téléphone. Qu'il faut juste patienter, le temps qu'Armstrong se change et prenne une douche. C'est bien sûr un stratagème. Chaque fois que nous tentions de contrôler Armstrong, il se débrouillait pour repousser d'une vingtaine de minutes le contrôle. Que faisait-il pendant ce laps de temps ? On l'ignore encore aujourd'hui mais tout porte à croire qu'il disposait d'un protocole pour déjouer le contrôle.

Grondin réitère ses demandes afin qu'Armstrong se présente immédiatement au contrôle. En vain. Il se trouve toujours à l'extérieur. Finalement, au bout de l'incontournable vingtaine de minutes, Olivier Grondin est autorisé à rentrer dans la maison. Pour procéder au prélèvement, il demande à se laver les mains. Bruyneel et Armstrong l'orientent vers la

Dopage : ma guerre contre les tricheurs

salle de bains. Là, il jette un œil dans la cabine de douche, qui se trouve être complètement sèche. Armstrong n'a donc pas pris de douche comme il l'a prétexté. En revenant dans la pièce, Grondin constate que le coureur est au téléphone, avec semble-t-il le président de l'Union cycliste internationale, pour vérifier si ce contrôle est légal. Quel autre sportif peut se permettre d'appeler en direct, au moment d'un contrôle, le président de sa fédération internationale ? Pour que celui-ci prenne le temps de lui expliquer le cadre légal de la procédure !

Bravache, Armstrong lance à Grondin que les analyses seront négatives... Bien sûr, elles le seront. En revanche, le contrôle ne s'est pas du tout déroulé en conformité avec la procédure. Le préleveur a donc produit un rapport circonstancié de la manière dont s'est réalisé le contrôle inopiné du septuple vainqueur du Tour de France.

À la suite de quoi, normalement, Lance Armstrong aurait dû être sanctionné. Curieusement, il n'en sera rien... Aujourd'hui encore, je ne sais toujours pas pourquoi. Car un refus de se soumettre à un contrôle équivaut à un contrôle positif. En toute logique, l'Union cycliste internationale devait suspendre le coureur. Au lieu de quoi, son président Pat McQuaid va monter au créneau pour défendre son protégé. De son côté, Armstrong a déclaré dans la presse : « Je trouve incroyable d'avoir été testé 24 fois sans incident et que le premier test fait en France donne lieu à d'outrageuses accusations...

Armstrong : l'impossible traque

C'est un autre exemple de la conduite inappropriée des organisations françaises antidopage. Je suis désolé qu'elles soient déçues, que tous les contrôles soient négatifs, mais je n'utilise pas de produits ou substances interdites. »
Au lendemain de cette affaire, nous avons reçu à l'agence des lettres d'insultes du monde entier. On nous accusait de harcèlement à l'encontre de ce magnifique champion.

Les poubelles d'Astana.

Une fois encore, Armstrong a gagné. Il est autorisé à prendre le départ du Tour de France 2009. Il court dans les rangs de la formation Astana. Cette équipe dispose d'une énorme logistique, il va donc nous être difficile de prendre en défaut l'Américain par le simple truchement des contrôles antidopage classiques. Il nous faut étudier la manière dont il pourrait procéder pour tricher. J'essaye de me mettre à sa place. À la place des tricheurs. De rentrer dans leur tête. Il y a forcément une faille dans leur dispositif... Nous la trouverons avec les gendarmes de l'OCLAESP, en charge de la lutte antidopage.
Le raisonnement était le suivant : si l'équipe Astana utilisait durant le Tour des produits illicites, il fallait qu'elle s'en débarrasse à un moment ou un autre. Les gendarmes ont donc contacté la société chargée de collecter les déchets sur le Tour de France.

Dopage : ma guerre contre les tricheurs

C'est ainsi que les enquêteurs de l'OCLAESP ont recueilli les « poubelles » de l'équipe Astana. Et la pêche a été bonne ! S'y trouvaient des seringues et des kits de transfusion sanguine, pourtant interdits par l'AMA... Une enquête préliminaire a été ouverte par la vice-procureure de Paris, Dominique Pérard. La possession de ces kits relève en effet d'une infraction pénale au titre de la loi du 3 juillet 2008 relative à la lutte contre le trafic de produits dopants.

Ce matériel a été livré au laboratoire Toxlab pour analyse. Et le volume saisi a impressionné les premiers médecins chargés de trier les éléments suspects. Les résultats des analyses ont ensuite provoqué la perplexité des experts. Ils laissaient clairement suspecter l'utilisation d'hémoglobine humaine recombinante. Une méthode interdite, pendant et hors compétition, car elle permet d'améliorer le transport de l'oxygène dans le sang. Ces hémoglobines réticulées existaient sous le nom Hemolink (ou Hemopure) et Oxyglobin. Des produits très difficiles à se procurer car très peu commercialisés à l'époque. La difficulté consistait pour les laboratoires à vérifier avec certitude les origines de ces hémoglobines.

Par ailleurs, les scientifiques s'interrogeaient sur l'utilité de s'injecter 1 millilitre avec les microseringues retrouvées. En effet, pour qu'un dopage soit efficace, les experts estimaient qu'il fallait injecter en perfusion intraveineuse pas moins de 300 millilitres de ce produit. Un vrai mystère.

Armstrong : l'impossible traque

Cela dit, les sportifs tricheurs utilisent bien souvent des substances qui interpellent nos scientifiques. Ces derniers peinent à comprendre l'utilité de certains produits. Plus tard, ils découvraient parfois que certains produits en potentialisent d'autres. Les dopés ont toujours une imagination débordante et quelquefois font de vraies trouvailles en matière de chimie. Toujours est-il que nous ne pouvions exploiter ces résultats pour poursuivre la procédure. Elle sera abandonnée et une fois de plus Armstrong ne sera pas inquiété. C'est ainsi qu'il est parvenu, après quatre ans d'arrêt, à remonter sur le podium du Tour de France 2009.

Le déjeuner de l'Élysée.

Quelques mois plus tard, Lance Armstrong est de retour en France, à l'occasion de la présentation du Tour 2010 par ASO. Tous les membres de l'Agence française de lutte contre le dopage sont mobilisés pour faire enfin tomber celui qui est peut-être, avec Ben Johnson, le plus grand tricheur de l'histoire du sport.

Mais nous sommes vites tombés de nos chaises en apprenant que le Texan était reçu le 14 octobre en grande pompe à l'Élysée, pour déjeuner avec le président. Cela à l'initiative de Michel Drucker, qui avait déroulé le tapis rouge à l'Américain l'année précédente lors d'une interview très complaisante.

Dopage : ma guerre contre les tricheurs

Nicolas Sarkozy avait déjà salué Armstrong sur le Tour 2009, pour son retour à la compétition. Le président de la République, grand amateur de vélo et incollable sur l'histoire du Tour, s'était rendu le 22 juillet sur l'étape entre Bourg-Saint-Maurice et le Grand-Bornand. Il avait, à cette occasion, salué la « leçon de vie » de Lance Armstrong, revenu sur le Tour de France « à 37 ans avec un esprit de jeune homme » selon les mots du président.

À la veille d'une telle étape, ses conseillers auraient pu prendre la précaution de passer un coup de téléphone à l'AFLD pour éviter au chef de l'État de prononcer de telles inepties. Mais peut-être étaient-ils occupés à d'autres tâches.

En effet, la veille de cette visite, les douanes suisses, en collaboration avec les douanes françaises, avaient intercepté le bus de l'équipe Astana lors d'un contrôle routier classique. Prévenus de cette intervention, les gendarmes de l'OCLAESP avaient filé toutes sirènes hurlantes vers le lieu où l'autocar était immobilisé. Ils espéraient pouvoir trouver à l'intérieur des preuves de dopage.

Hélas, quand ils sont arrivés sur place le car était déjà reparti. De manière inexplicable, et au grand dam des douaniers suisses, leurs homologues français, après de longs échanges téléphoniques, avaient reçu l'ordre de laisser partir le bus sans le perquisitionner.

Armstrong : l'impossible traque

Quelques heures plus tard, un responsable des douanes suisses me contactait pour me faire part de sa colère. Il était d'autant plus énervé que lui et ses collègues avaient vu des flacons très suspects dans le car. Ils ne comprenaient pas du tout le laxisme dont avaient fait preuve les douaniers français. J'étais (et je reste toujours) perplexe car ce n'était pas du tout dans l'habitude des douanes, d'ordinaire très efficaces sur les affaires de dopage. Quels étaient ces ordres reçus d'en haut ? Pourquoi laisser partir le bus ? Était-ce motivé par le souci de ne pas faire de vagues sur le Tour de France la veille de la venue du président de la République sur l'épreuve ? J'avoue que cette hypothèse était celle qui nous paraissait la plus cohérente à l'époque. Même s'il est probable que le chef de l'État n'ait pas été prévenu de cette décision.

En revanche, la venue d'Armstrong à l'Élysée était bien son choix. Et là nous étions abasourdis. Comment le chef de l'État pouvait-il recevoir, sous les ors de la République, un tricheur qui salit l'une des plus belles compétitions du sport français ? Rappelons qu'à cette date le journal *L'Équipe* avait déjà publié en août 2005 les preuves du dopage d'Armstrong[1] !

---

1. Le quotidien sportif a publié, le 23 août 2005, sous le titre « Le mensonge Armstrong » les résultats d'une enquête du journaliste Damien Ressiot, mettant en évidence l'utilisation d'EPO par Lance Armstrong lors du Tour de France 1999.

Dopage : ma guerre contre les tricheurs

Mais ce n'est pas le plus grave. En effet, plus tard, on apprendra que Lance Armstrong a demandé au président de la République la tête du président de l'AFLD, Pierre Bordry, l'un des plus grands commis de l'État sous la Ve République. Mais qui avait osé venir le contrôler sur son lieu d'entraînement et fouiller les poubelles de son équipe.

Est-ce qu'il l'a obtenue ? Le doute est permis. En effet, dans un article du *Nouvel Obs*, un journaliste a rapporté qu'Henri Nayrou, ancien sénateur, député et rapporteur spécial du budget du sport à l'Assemblée nationale, « se souvient clairement avoir entendu un conseiller élyséen soupirer d'agacement devant lui : "Il commence à nous emmerder ce Bordry, il ne va pas faire de vieux os..." »

Or quelque temps plus tard – on y reviendra – Pierre Bordry, devant les immenses difficultés qui lui étaient infligées dans l'exercice de ses fonctions, sera amené à démissionner. Ce jour-là, Armstrong se fendra d'un très ironique message : « Au revoir Pierre. »

En quittant l'Élysée, Lance Armstrong avait offert à Nicolas Sarkozy le dernier modèle Trek Madone, dont le cadre à lui seul valait 5 300 euros. Je me suis toujours demandé si, après les aveux d'Armstrong, le président a continué de rouler avec ce vélo.

Armstrong : l'impossible traque

Le pacte de Paris.

Ce que le Texan ignorait alors, c'est que Pierre Bordry avait déjà commencé à mener les actions qui allaient le conduire à sa perte. En effet, début novembre 2009, une réunion s'était tenue à Paris, à l'initiative d'Interpol. Elle regroupait tous les acteurs européens de la lutte contre le dopage. Nous nous connaissions quasiment tous grâce à nos différentes collaborations. Mais cette fois-ci, Interpol avait également invité Travis Tygart, qui venait d'être nommé à la tête de l'Agence américaine antidopage (USADA).

Le sujet principal de la réunion n'était pourtant pas Armstrong, notre préoccupation du moment était autre. Nous avions lancé depuis un certain temps des contrôles inopinés au Maroc, notamment à Ifrane, où beaucoup d'athlètes avaient l'habitude d'effectuer des cures de dopage en toute impunité. Devant cette nouvelle situation, nombre d'entre eux avaient changé de camp de base. Ils s'étaient orientés sur un centre d'Albuquerque, dans l'État du Nouveau-Mexique, où ils se croyaient intouchables. Mais désormais, avec Travis Tygart, nous étions en mesure de faire contrôler n'importe quel sportif sur le territoire américain.

Sa nomination fut un moment déterminant dans la lutte antidopage. Car les sportifs n'ont pas de frontières pour se préparer. Il est donc important

Dopage : ma guerre contre les tricheurs

que la lutte soit mondiale et coordonnée. Avec Travis Tygart, nous allons former un bloc entre les États-Unis et l'Europe pour resserrer l'étau autour des tricheurs. Sans oublier le premier d'entre eux, Lance Armstrong.

Nous formions ainsi, depuis ce pacte d'Interpol, un petit groupe d'une dizaine de personnes incorruptibles, animées de la même volonté de lutter contre le dopage. Nous avions convenu d'être joignables à tous moments, et réactifs les uns pour les autres.

Et aucun de nous ne doutait de la qualité des informations que nous nous transmettions. Et comme nous nous faisions confiance, nous ne perdions pas de temps à vérifier la validité et l'origine des sources.

Bien entendu, lors de cette réunion avec Travis Tygart, nous avons fini immanquablement par évoquer le cas Lance Armstrong. Nous avons alors révélé à Tygart tout ce dont nous disposions à son sujet. Il était abasourdi. Il n'en revenait pas de découvrir le volume d'informations et le nombre d'échantillons de ce sportif que nous détenions, avec la certitude que certains étaient positifs. Et surtout, il ne comprenait absolument pas notre passivité sur ce dossier. Nous avons dû lui expliquer le niveau de protection dont bénéficiait le septuple vainqueur du Tour. Notre homologue américain nous a assuré que les choses allaient changer. Tous ensemble, nous serions plus forts.

Armstrong : l'impossible traque

Quelques semaines plus tard, j'allais malgré moi disposer de nouveaux éléments à fournir à Travis sur le pouvoir d'Armstrong. Ils n'allaient pas manquer d'étonner encore plus notre ami américain.

Les écoutes téléphoniques.

Lors d'un repas familial dans un restaurant des Yvelines, je reçois un appel d'un correspondant de province en qui j'avais toute confiance car c'était plus qu'un simple collègue de travail. Il me demande de le rappeler avec un autre téléphone que le mien. Je suis très surpris mais au ton de sa voix, je m'exécute. Je le rappelle avec le téléphone de ma belle-sœur. Il m'apprend alors que je suis sur écoute ! Et ses informations sont fiables car il les a obtenues auprès des services de l'État... Je suis stupéfait. Mais si je me remémore plusieurs événements passés, ce n'est pas si surprenant. J'avais notamment constaté, lors du dernier Tour de France, que mes téléphones devaient être réinitialisés en permanence pour fonctionner correctement. Par ailleurs, quand je devais envoyer les ciblages de fin d'étape, c'est-à-dire les coureurs à contrôler, aucun appel ne passait. Je devais emprunter le téléphone de mon voisin pour pouvoir enfin réussir à envoyer les messages. À l'époque, j'avais attribué ces problèmes à mon opérateur. Pourtant je possédais deux

Dopage : ma guerre contre les tricheurs

téléphones, un professionnel et un privé, avec deux opérateurs différents...

La réalité de ces écoutes me sera confirmée par une autre source, extrêmement fiable. Comment des services de l'État peuvent-ils placer sur écoute le directeur des contrôles de l'Agence française contre le dopage ? Et surtout dans quel but ? À ce moment-là, au sein de l'agence, on ne peut s'empêcher de faire le lien avec l'enquête menée sur Armstrong. Aucun autre de nos dossiers n'est susceptible d'intéresser jusque dans les hautes sphères de l'État. En tout cas à un niveau qui dispose de l'autorité d'ordonner des écoutes. Qui plus est, des écoutes qui n'ont pas été autorisées par un juge. Je le sais car le président Bordry m'avait donné la marche à suivre pour interroger l'organisme national chargé du contrôle des interceptions téléphoniques officielles. J'ai donc saisi cet organisme. La commission de contrôle m'a assuré qu'à sa connaissance je n'étais pas sur écoute. Elle m'a précisé que je pouvais en revanche être victime d'écoutes illégales, auquel cas je devais porter plainte. Pour des raisons de stratégie globale, le président Bordry m'avait demandé de ne pas le faire. Cela aurait pu provoquer des remous médiatiques qu'il avait estimés inutiles.

Comme nous avions renoncé à l'idée de nous doter de téléphones cryptés, à cause du coût de ces appareils sécurisés, une véritable psychose s'est emparée de notre équipe, mais également dans les services qui travaillaient avec nous.

Armstrong : l'impossible traque

Lors de nos réunions de travail, les enquêteurs devaient enfermer nos téléphones dans les tiroirs d'un autre bureau avant de pouvoir parler librement. Nous ne communiquions plus entre nous sans avoir pris au préalable quantité de précautions, que ce soit au bureau ou à l'extérieur, y compris avec les douanes, les policiers et les gendarmes. Personnellement, je fus contraint d'adopter un comportement de malfrat. Un proche acheta pour moi un téléphone jetable. Je le rechargeais en payant en liquide, et l'agence me remboursait. Je ne l'utilisais que pour les conversations les plus confidentielles, afin de ne pas éveiller les soupçons.

Cette période correspond à celle où nous mettions tout en œuvre pour coincer Armstrong. Pendant ce temps-là, le champion américain disposait sur le Tour de France d'un véhicule de police pour aller le chercher à son hôtel et l'y ramener, escorté par des motocyclistes de la gendarmerie. Comme un chef d'État !

Nous trouvions cette protection incongrue. Puis nous nous sommes dit qu'il était peut-être possible d'en tirer parti. Nous nous sommes présentés aux policiers qui accompagnaient Armstrong et leur avons demandé de collaborer avec nous. En nous donnant juste des informations qui nous auraient été utiles. Mais impossible d'obtenir le moindre renseignement de leur part !

Dopage : ma guerre contre les tricheurs

Durant toutes ces années à l'agence, nous avons contrôlé tous les plus grands champions, dans tous les sports, mais Armstrong disposait vraiment d'un statut à part sur le sol français.

Sommet international.

À la suite de la réunion d'Interpol à Paris, le président de l'Agence américaine de lutte contre le dopage, Travis Tygart, nous avait sollicités pour que nous lui fournissions tous les éléments à charge que nous possédions sur Lance Armstrong. Il voulait tous nos échantillons, tous nos témoignages. Je trouvais cela anormal de devoir passer par une institution américaine, notre homologue outre-Atlantique, pour pouvoir nous attaquer efficacement à Armstrong alors que nous avions tous les éléments en notre possession. C'était presque humiliant pour la République française et les serviteurs de l'État que nous étions. Mais au fond, l'important, c'était la finalité, l'objectif : faire tomber ce tricheur qui salissait un patrimoine du sport français, le Tour de France. Nous avons donc accepté de collaborer avec nos collègues américains. Ils s'attaquaient pourtant à l'une des plus grandes icônes de leur nation, l'exemple absolu, le valeureux champion qui avait survécu au cancer. Tygart souhaitait aussi obtenir la collaboration de la justice française sur ce dossier. Cela n'avait rien

Armstrong : l'impossible traque

d'évident mais le président Bordry pouvait compter sur ses nombreux réseaux dans l'administration.

Le sort d'Armstrong s'est joué en partie les 20, 21 et 22 juin 2010, lorsque Travis Tygart est venu à Paris pour récupérer l'ensemble de notre travail. Durant trois jours, nous avons enchaîné les réunions afin de lui permettre de collecter les données pour constituer un dossier à charge incontestable.

J'avais regroupé tous les éléments des enquêtes précédentes qui avaient été abandonnés par les magistrats français sous les pressions. Il s'agissait aussi et surtout de donner aux Américains les anciens échantillons de leur illustre champion. Heureusement, je connaissais tous les lieux où ils avaient été stockés. Il restait à vérifier si les volumes restants d'urine, de sang ou de phanères étaient exploitables.

L'autre objectif de la visite du président de l'USADA était donc la collaboration juridique. Une rencontre avait été organisée en ce sens avec le directeur général adjoint des douanes, Gérard Schoen ; le colonel Thierry Bourret, qui commandait l'OCLAESP ; Frédéric Boël, du pôle santé de Paris ; Maryvonne Caillibotte, directrice des affaires criminelles et des grâces pour l'entraide judiciaire internationale ; ainsi qu'avec M. Thomas Cassuto, juge d'instruction.

La qualité relationnelle du président Bordry, à laquelle s'ajoutaient ses puissants réseaux, avait grandement facilité la tâche de Travis Tygart. Il était

Dopage : ma guerre contre les tricheurs

reparti aux États-Unis avec tous les accords de principe de collaboration de la justice française et une volumineuse documentation à charge contre le coureur cycliste. Tygart a ensuite transmis toutes ces informations à des juges d'instruction américains. Et quelques mois plus tard, les Américains ont sollicité une autre réunion qui scellera le sort de Lance Armstrong.

Celle-ci avait été fixée le 16 novembre 2010, au siège d'Interpol à Lyon. Pierre Bordry et les responsables américains avaient souhaité que je sois présent, compte tenu de ma connaissance de l'affaire. Malheureusement, la date et l'heure du rendez-vous ont fuité et des journalistes spécialisés dans les affaires de dopage, américains comme européens, se sont lancés sur la piste... Ils l'avaient compris : cette réunion au sommet laissait présager une collaboration entre les instances françaises et américaines sur un dossier qui ne pouvait être que celui d'Armstrong. Pour plus de discrétion, nous avons réussi à faire avancer l'heure de la réunion avec Travis Tygart et les procureurs américains Jeff Novitzky et Doug Miller, également du voyage. Les représentants de plusieurs pays détenteurs d'informations concernant Lance Armstrong (comme l'Allemagne, l'Italie, la Suisse et l'Espagne) avaient aussi été invités pour permettre aux procureurs américains de collecter toutes les informations sur leur compatriote afin de le confondre.

Armstrong : l'impossible traque

D'ordinaire, une telle réunion au sommet, entre services de différents pays, est plutôt consacrée à de grands trafiquants de drogue internationaux. La délégation américaine était impressionnante, avec plusieurs agents du FBI en plus des deux procureurs, Doug Miller et Jeff Novitzky. Ce dernier avait déjà fait tomber la sprinteuse américaine Marion Jones. Ils étaient de fort mauvaise humeur, en raison de la fuite de l'information concernant cette réunion. Certains journalistes américains connaissaient même l'adresse de leur hôtel et les y attendaient. Pierre Bordry et moi étions placés face aux procureurs américains. Ils avaient à leurs côtés une dizaine d'agents spéciaux, sans oublier bien sûr Travis Tygart, le président de l'agence antidopage américaine. Chaque agent américain avait posé devant lui de volumineux dossiers. Chaque fois que nous abordions un sujet précis, ils sortaient les documents relatifs à la question abordée. Ces gars maîtrisaient leurs dossiers sur le bout des doigts. En voyant la machine judiciaire américaine en marche, nous nous sommes dit que les jours d'Armstrong étaient enfin comptés. Au moment d'évoquer les échantillons collectés, il a bien entendu été question de ceux qui étaient à l'origine de l'histoire révélée par *L'Équipe*.

Le quotidien sportif avait en effet publié le 23 août 2005, avec le titre « Le mensonge Armstrong », une révélation majeure qui avait fait le tour du monde. *L'Équipe* avait démontré que des

Dopage : ma guerre contre les tricheurs

échantillons du Tour de France 1999, testés *a posteriori* positifs à l'EPO par le laboratoire de Châtenay-Malabry, appartenaient à Lance Armstrong. Ce scoop avait été un premier et très important coup de semonce contre l'ami de George W. Bush. Mais cela n'avait pas suffi à le faire tomber car il s'agissait d'une enquête journalistique, et non administrative ou judiciaire.

Le transfert de ces échantillons vers les États-Unis a donc été envisagé durant la réunion, ainsi que la désignation d'un laboratoire indépendant et agréé pour effectuer éventuellement des réanalyses. Les Américains fixaient des conditions qui nous paraissaient démentielles. En fait, expliquaient-ils, c'était pour pouvoir résister aux avocats d'Armstrong devant la justice.

Nous avons donc évoqué les conditions d'un transport sécurisé. Et les procureurs ont réclamé tous les documents qui auraient pu entacher la fiabilité des procédures de prélèvements et des tests pratiqués, tels que les documents techniques des appareils utilisés pour les analyses. Quant aux compétences des laborantins, elles devaient être confirmées par la présentation de leurs diplômes ! La demande comportait aussi l'identification précise de toutes les personnes impliquées dans les chaînes de possession des échantillons prélevés, avec la qualité de ces personnes. Ils avaient besoin du nom des préleveurs, des escortes, des transporteurs, des réceptionnistes du laboratoire et bien sûr des

Armstrong : l'impossible traque

laborantins ayant effectué les analyses. Tout cela pour éventuellement pouvoir les auditionner un jour, en cas de nécessité !

De notre côté, il fallait au préalable l'accord de tous les organismes gouvernementaux français concernés. Les autorités françaises devaient réunir l'ensemble des documents et transmettre les copies certifiées conformes aux originaux C'est-à-dire toutes signées, avec le cachet de la personne ayant apposé son paraphe.

Ces témoignages pourraient être utilisés dans un probable procès aux États-Unis et les frais des témoins seraient à la charge du gouvernement américain. L'ensemble des éléments serait ensuite traité sous la coordination d'un magistrat français, en liaison avec l'ambassade américaine à Paris.

C'est ainsi que le cas Lance Armstrong allait devenir, en plus d'une affaire d'État, la plus grande affaire de dopage de tous les temps.

À la suite de ces réunions, les procureurs vont instruire le dossier. Il sera étayé par d'autres témoignages d'anciens coéquipiers aux États-Unis. On découvrira peu à peu que, sous le règne d'Armstrong, le peloton pouvait sous certains égards s'apparenter à une mafia. Voilà pourquoi les enquêteurs américains vont utiliser les méthodes de la police américaine en lutte contre la pègre. Ils promettront la clémence aux coureurs contrôlés positifs en échange de leurs confessions. Les ex-coéquipiers de Lance Armstrong, Floyd Landis, Frankie Andreu

Dopage : ma guerre contre les tricheurs

et Tyler Hamilton, vont donc décrire en détail l'organisation et les protocoles de dopage mis en place par le parrain.

Le 13 juin 2012, l'USADA ouvre officiellement une procédure contre Lance Armstrong, à qui elle envoie une lettre circonstanciée. En octobre, l'agence américaine transmet à l'organe qui l'a tant protégé jusque-là, l'UCI, un dossier de mille pages qui décortique le système Armstrong. On y apprend que le Texan se moquait régulièrement des policiers français et de l'agence française antidopage. Ce sont pourtant ces mêmes policiers et cette même agence qui auront contribué à nourrir ce dossier qui va provoquer sa chute.

Suite à cette publication, la pression devient tellement énorme et les preuves si accablantes que, le 13 janvier 2013, dans la plus pure tradition américaine, à savoir devant les caméras de la cultissime Oprah Winfrey, Lance Armstrong avoue enfin son dopage en mondovision.

Un moteur dans la tête.

Durant ces années, on a tout dit, tout écrit à propos du mensonge éhonté d'Armstrong, puis de ses aveux.

Ou peut-être pas. À l'Agence française de lutte contre le dopage, nous avons le sentiment, en tout

Armstrong : l'impossible traque

cas c'est le mien, que le plus gros mensonge d'Armstrong n'a jamais été révélé. Si, dans ce livre, tous les faits rapportés sont étayés et vérifiés, ce que je vais évoquer maintenant n'est pas une preuve formelle mais une intime conviction. Elle repose sur des informations sûres mais je n'ai jamais obtenu la preuve absolue, à savoir le document ou le témoignage qui démontrerait à 100 % cette théorie [1].

Lors de chaque Tour de France dont j'ai été chargé, j'étais en contact avec des chercheurs, tous éminents spécialistes de la biomécanique et de la performance. Je cherchais à comprendre la course, pour analyser les performances réalisées par les coureurs sur les étapes, afin de saisir quels étaient les exploits naturels et ceux qui l'étaient moins. Chaque fois que j'avais des doutes, je demandais l'avis de ces experts, dont l'analyse pouvait m'aider à cibler des coureurs. Et selon eux, les performances de Lance Armstrong sortaient complètement de l'ordinaire. Même en prenant en compte l'hypothèse du dopage, l'Américain réalisait des performances, notamment dans les cols, qui même avec la prise d'EPO ne semblaient pas réalisables après plusieurs heures passées sur le vélo. Certaines accélérations fulgurantes, surtout lors des montées

---

1. L'hypothèse a d'ailleurs été soulevée par Philippe Brunet, journaliste à *L'Équipe*, dans son livre *Rouler plus vite que la mort* (Grasset, 2018).

Dopage : ma guerre contre les tricheurs

aux forts pourcentages en fin d'étape, paraissaient incongrues. Alors comment faisait-il ? Même avec des microdoses d'EPO et des autotransfusions, dont nous avions détecté l'utilisation sans jamais pouvoir en matérialiser les preuves, les performances réalisées étaient hors du commun. À l'époque, un grand connaisseur du cyclisme me disait : « Il faut qu'on m'explique, c'est humainement impossible. » Et ceux qui avaient bien connu Armstrong dans la première partie de sa carrière m'assuraient qu'à l'époque, « il ne passait pas une barrière de chemin de fer sans être largué ! » Cela signifiait qu'Armstrong n'avait, à la base, ni les qualités ni la physiologie d'un grimpeur.

C'est le travail d'investigation des journalistes de la chaîne américaine CBS qui va me mettre sur la voie. Ils avaient racheté un des vélos de Lance Armstrong et l'avaient donné à un ingénieur hongrois, qu'ils soupçonnaient de travailler pour l'Américain. Cet ingénieur était assez facétieux et s'est plié au jeu. Il a mis un des moteurs de sa fabrication dans le cadre du vélo. Les journalistes m'ont montré ce vélo. C'était fascinant. Le dispositif était indécelable et la puissance développée sidérante. Leur démarche reposait sur un faisceau de présomptions bâti sur des informations qu'ils avaient recueillies et qui m'étaient également revenues aux oreilles. Armstrong aurait acheté, dans les années 1990, pour une somme colossale, l'exclusivité de la technologie d'un moteur indécelable à cet ingénieur

Armstrong : l'impossible traque

hongrois. L'Américain aurait effectué des virements énormes, qui ne correspondaient pas aux sommes dévolues d'ordinaire au dopage. Même pour lui. L'ensemble dépasserait le million de dollars. Mais nous n'avons pu le vérifier ni pister jusqu'au bout le circuit de ces virements. Hormis un sourire, le Hongrois ne confirmera jamais cette hypothèse. Il n'avait pas de raison de le faire. Nous savions cependant qu'il avait perçu des versements très importants, correspondant en volume au montant d'argent délivré par Armstrong à des intermédiaires. Ce dernier a toujours nié avoir utilisé un moteur.

Curieusement, après la fin de la carrière de Lance Armstrong, c'est-à-dire au terme de l'exclusivité supposée des vélos équipés électriquement, de nombreux spécimens de ce genre sont apparus sur le circuit.

L'ingénieur hongrois, personnage étrange au passé trouble, nous a expliqué avoir reçu à ce moment-là des commandes d'inconnus qui demandaient des dimensions de cadres ne correspondant pas du tout à leur morphologie. Ces personnes l'avaient bien sûr payé en liquide. Ils commandaient aussi des vélos de contre-la-montre... On suppose que ces vélos ont été utilisés dans le Tour de France.

L'UCI a enfin accepté de contrôler les cadres des vélos avant le départ des courses, pour y chercher des moteurs. Même si les méthodes utilisées ne sont pas du tout convaincantes.

Dopage : ma guerre contre les tricheurs

Dans le cyclisme, cette problématique est beaucoup plus un taboue que le dopage. Pour une raison évidente : elle nie la notion de souffrance, qui est l'une des valeurs cardinales de ce sport. Certaines personnes gardent encore un tout petit peu de respect pour Armstrong car même s'il s'est énormément dopé, il a souffert sur son vélo comme tout cycliste. Mais s'il avoue avoir utilisé un moteur caché dans le cadre, il demeurera un misérable et minable tricheur, qui a volé ses victoires sur l'échine harassée de vrais champions. Mais jusqu'ici rien n'a permis de démontrer la validité de cette hypothèse.

10

La bataille du Tour

En matière de lutte antidopage, le Tour de France est la mère des batailles. Car le cyclisme entretient depuis toujours une forte culture du dopage. Et cette épreuve est certainement la plus emblématique du sport français. À tous les égards, elle se doit donc d'être protégée. Tant de Français ont noué avec cette compétition estivale une histoire personnelle qu'elle est devenue un lien entre les générations, une épopée qui se vit dans la société. C'est pourquoi nous devions y porter une attention particulière.

Le Tour 2006 fut le premier de l'après-Armstrong. Les grands favoris de l'épreuve, à savoir Jan Ullrich, Ivan Basso et Francisco Mancebo, n'avaient pas été autorisés à prendre le départ en raison de leur implication dans l'affaire Puerto. Tout comme l'équipe Astana-Würth, qui avait eu trop de coureurs contrôlés positifs. Le Tour est finalement remporté par Floyd Landis, qui sera ensuite déclassé

Dopage : ma guerre contre les tricheurs

en raison d'un contrôle positif à la testostérone sur la dix-septième étape.

Les contrôles durant cette édition étaient encore sous la seule égide de l'UCI. À partir du 1er octobre 2006, date de la création de l'Agence française de lutte contre le dopage, le combat contre ce fléau allait changer de nature sur le Tour de France. Nous étions simplement prestataire de services, sous la tutelle de l'UCI, durant cette saison 2006-2007. Mais après avoir constaté comment fonctionnait l'organisation des contrôles, nous avons changé de manière de procéder, aidés en cela par les autorités françaises, grâce au ministre Jean-François Lamour, qui achevait son mandat, et au nouveau directeur du Tour, Christian Prudhomme. Il y avait de leur part une volonté de laver les écuries d'Augias.

Quand les gendarmes débarquent sur le Tour.

Nous allons dans un premier temps lancer un dispositif qui prendra toute sa dimension l'année suivante et bouleversera sérieusement le peloton.

Le premier élément symbolique du changement de prisme dans cette lutte contre le dopage a été la collaboration avec la gendarmerie. Les forces de l'ordre – que ce soit la brigade des stupéfiants ou les gendarmes – étaient déjà intervenues sur le Tour, notamment en 1998 dans le cadre de l'affaire

La bataille du Tour

Festina. Mais désormais, elles répondront à des instructions judiciaires et participeront pleinement à la lutte antidopage.

Une première réunion est organisée entre le major général de la gendarmerie Gilles Roland, le président Pierre Bordry, le secrétaire général Philippe Dautry et moi-même, quelques semaines avant le départ de la Grande Boucle. Le général était très attaché à l'éthique de la pratique du sport et plus précisément dans le cyclisme. Il était donc prêt à nous apporter son soutien en mettant à disposition du personnel de l'OCLAESP, en grand nombre, pendant toute la durée du Tour de France.

Des gendarmes avaient fait des reconnaissances en suivant, incognito, l'intégralité de Paris-Nice et juste avant la course du *Dauphiné libéré*. Comme je les connaissais, je m'étais amusé à les pister. Indétectables, ils s'étaient mêlés à la foule, habillés comme de simples spectateurs, avec casquette aux couleurs des équipes, brandissant même des drapeaux.

Ils s'infiltraient dans tous les endroits de la course grâce aux badges délivrés par les organisateurs, qui leur donnaient accès à toutes les zones où se trouvent les coureurs. Ils furetaient partout à la recherche d'indices, d'informations. Dès qu'ils repéraient un possible approvisionnement d'une équipe par des motards, entendaient parler de quelque chose de louche ou suspectaient la présence de produits à l'intérieur des bus, ils

Dopage : ma guerre contre les tricheurs

transmettaient l'information aux douanes pour qu'elles interviennent rapidement.

Les responsables de la gendarmerie avaient également mis à disposition de la surveillance de l'épreuve un groupe de gendarmes spécialisés dans la surveillance de nuit. Personne ne les connaissait, ni ne les avait jamais vus ; nous les appelions les « invisibles ». Ils avaient essentiellement pour mission de repérer les déplacements suspects autour des hôtels où étaient logés les sportifs et des cars des équipes. Pour que ce dispositif soit efficace, il fallait qu'il repose sur très peu de monde.

La désignation des médecins préleveurs pour cette épreuve relevait désormais de la compétence du département des contrôles. Avant, l'UCI utilisait des préleveurs désignés par le ministère de la Jeunesse et des Sports, mais sans grand discernement. Nous avions clairement identifié la qualité des préleveurs comme un élément essentiel dans le processus de lutte antidopage.

Mais pour cette première grande collaboration avec l'UCI lors de cette épreuve majeure, je décidai de ne pas trop bousculer les habitudes en mixant des anciens préleveurs, qui œuvraient depuis longtemps sur cette compétition, avec les meilleurs préleveurs d'Île-de-France, que j'avais connus lors de ma précédente affectation et en qui j'avais pleinement confiance.

Entre ces deux groupes, ce fut le choc des cultures... Les premiers avaient l'habitude de

La bataille du Tour

descendre dans de beaux hôtels et de manger dans de bons restaurants. Il s'agissait presque pour eux de trois semaines de vacances tranquilles aux frais de la princesse, sur les belles routes de France, avec seulement quatre prélèvements urinaires à faire aux arrivées de chaque étape. Un préleveur qui ne posait pas de problème, ne provoquait pas d'histoire, avait ainsi l'assurance de revenir l'année suivante.

La nouvelle organisation que j'ai mise en place reposait sur d'autres fondations. Fini les beaux hôtels, les préleveurs seraient logés dans des établissements de base et iraient porter le fer dans les plaies, sans craindre de bousculer les uns, ni de mettre un terme aux petites habitudes des autres.

La collaboration avec l'UCI s'est tout de suite avérée très compliquée. Les relations étaient exécrables entre les deux responsables, d'un côté Pierre Bordry et de l'autre Pat McQuaid. Leurs échanges étaient le plus souvent virulents. Pat McQuaid ne voulait absolument pas que l'AFLD intervienne sur son domaine réservé. L'UCI ne m'a pas facilité la tâche, c'est un euphémisme. Nous n'obtenions aucune information sur les cyclistes, aucune donnée ne nous était transmise.

Nous étions seuls contre tout un système. La seule concession obtenue était de cibler des coureurs que l'UCI pourrait ensuite « éventuellement » contrôler. Pour sortir de cette impasse, il nous

Dopage : ma guerre contre les tricheurs

fallait établir une procédure de contrôle conforme aux standards mondiaux.

Petits arrangements entre amis.

Il était d'usage, avant chaque départ d'un Tour de France, que tous les coureurs subissent un prélèvement sanguin appelé « *no start* », pour vérifier leur taux d'hématocrite. Si, par hasard, le sportif avait un taux dépassant le seuil de 50 %, les médecins leur interdisaient, pour des raisons médicales, de prendre le départ de l'épreuve. Par ailleurs, seuls quatre coureurs étaient contrôlés sur une étape : le vainqueur, le premier du classement général, et deux coureurs tirés au sort mais dont tout le monde connaissait rapidement les noms.

Ce principe fut abandonné sous la pression de l'AFLD, car pour être efficace il fallait rendre imprévisibles les ciblages aux arrivées des courses. Nous avons également imposé des escortes indépendantes, ce que les organisateurs du Tour ont accepté malgré le coût, qui incluait leur transport, leur logement et leur défraiement. Leur présence était essentielle dans la chaîne des contrôles. Ces personnes étaient neutres, non issues du milieu du cyclisme. Elles avaient en outre suivi une formation spécifique précise et très détaillée que nous avions instaurée.

La bataille du Tour

Auparavant, après avoir ciblé des coureurs et transmis les noms à l'UCI, on s'apercevait ensuite qu'ils n'avaient pas tous été contrôlés. Par ailleurs, quand on transmettait ces noms, ils étaient communiqués comme par hasard par Radio-Tour, bien avant l'arrivée des étapes. Pour un tricheur, ainsi prévenu de son futur contrôle, il était facile de prendre toutes ses précautions afin que les analyses de ses urines soient perturbées. Ou encore d'abandonner la course pour disparaître dans la nature, comme c'est parfois arrivé.

Mais le pire, dans cette entreprise d'entrave à la bonne marche des contrôles, était l'œuvre des inspecteurs de l'UCI. Ils régnaient en seigneurs sur les épreuves. S'ils jugeaient qu'un sportif ne devait pas être contrôlé, ils transgressaient d'autorité les consignes et choisissaient un autre coureur. L'héritage de toute une époque. Ces hommes étaient tous des amis des coureurs, la plupart avaient eux-mêmes couru. Être contrôleur sur le Tour de France, c'était pour eux un bâton de maréchal, en reconnaissance de la supervision de compétitions moins glorieuses.

Le traitement des inspecteurs par l'organisation était très honorable, vu la qualité des hôtels et des restaurants qu'ils fréquentaient. Comme les préleveurs, si par malheur des plaintes à leur encontre étaient proférées par les sportifs, ils n'étaient plus désignés l'année suivante. Seule solution pour revenir sur le tour : être gentil avec les coureurs, surtout

Dopage : ma guerre contre les tricheurs

les plus connus donc les plus influents. Tout compte fait, il était préférable de les protéger.

J'ai ainsi découvert que les inspecteurs de l'UCI assistaient aux mictions et exécutaient quasiment toute la procédure, laissant aux préleveurs français le soin de remplir les procès-verbaux à leur place. Parfois, on retrouvait même des chefs d'équipe dans le local de prélèvement...

Nous devions nous battre constamment pour qu'il y ait moins de monde lors des contrôles, afin de pouvoir mieux surveiller les coureurs. Éviter aussi qu'ils n'aillent prendre une douche alors qu'ils étaient sous la surveillance de l'escorte. À plusieurs reprises, Christian Prudhomme interviendra lui-même pour rétablir l'ordre.

Un matin très tôt, « les invisibles » avaient aperçu un compétiteur sortir d'un minibus, près de son hôtel... Que faisait-il à cette heure ? L'information, relayée par les gendarmes, m'était parvenue sans délai. Immédiatement, je sollicitai le préleveur positionné dans cet hôtel. À 6 heures, l'heure légale, il avait « notifié » le cycliste, qui était blême, et constaté les traces d'une récente perfusion sur ses bras. Mais les analyses n'ont rien donné. Il s'agissait d'une autotransfusion, indétectable.

La pression sur les sportifs devenait palpable, le changement des stratégies de ciblage troublait les habitudes de certains coureurs. Et les gendarmes nous aidaient énormément. Ils avaient par exemple remarqué des personnes suspectes, positionnées

La bataille du Tour

dans les couloirs et les halls d'hôtel des équipes. Et à chaque étape, ils retrouvaient ces mêmes personnes. Les plus grandes équipes avaient recruté des vigiles professionnels. Ils étaient affectés à la surveillance des couloirs, ou se trouvaient en faction au pied des ascenseurs. Pourquoi des sportifs faisaient-ils appel à des professionnels de la surveillance ? « Ils nous ont détronchés », selon la formule utilisée par les gendarmes : cela signifiait qu'ils avaient été repérés. Ces agents de sécurité étaient les premiers à descendre des bus des équipes. Ensuite, ils faisaient le tour des chambres des sportifs puis déambulaient dans les halls d'hôtel pour surveiller étroitement les personnes présentes...

Vinokourov file à Monaco.

Le bus de l'équipe Astana nous intriguait car il était doté d'une double climatisation. Le constructeur du véhicule, interrogé par les enquêteurs, n'en comprenait pas la raison. « Peut-être pour réfrigérer un compartiment spécial », a-t-il expliqué. Cette éventualité nous intéressait au plus haut point. Pour transporter certains produits dopants, voire du sang, il fallait forcément une zone réfrigérée.

Action réaction ! Nous avons aussitôt décidé de lancer un contrôle des bus. Il fallait d'abord étudier les plans de course des jours suivants pour définir où et quand intervenir. La solution se trouvait sur la

Dopage : ma guerre contre les tricheurs

carte routière : il y avait, quelques jours plus tard, un trajet dédié spécifiquement aux bus des équipes... Pour monter l'opération, restait à mobiliser les services douaniers.

J'ai contacté un douanier, Sylvain F., de notre fameux commando en Île-de-France. Mais il était en congé pour cause de déménagement. Il n'a pourtant pas hésité à nous apporter son aide. Il restait soudé à notre groupe même après la fin de son mandat.

Le contrôle des bus avait provoqué un trouble important parmi les équipes car désormais les douanes étaient de la partie. C'était la panique chez les tricheurs. Et cette pression allait les pousser à la faute.

Ce fut le cas d'un coureur kazakh, Alexandre Vinokourov, contrôlé positif pour s'être administré du sang homologue. Une grossière erreur car ce type de transfusion était aisément détectable. Malheureusement, le parquet local et la chancellerie ont délivré tardivement l'autorisation d'action. Dans l'intervalle, Vinokourov a appris que les forces de l'ordre venaient le chercher. Il a eu le temps de rallier Monaco. La sûreté monégasque a proposé de livrer Vinokourov à l'OCLAESP mais faute de commission rogatoire, les gendarmes ont décliné l'offre. Les autorités monégasques avaient proposé de livrer Vinokourov. Faute de commission rogatoire, l'OCLAESP avait décliné la proposition.

La bataille du Tour

Le lendemain, l'équipe Astana se retire du Tour. Tout comme l'équipe Cofidis, après le contrôle de son coureur italien Cristian Moreni. Quant à Michael Rasmussen, qui avait survolé la dernière étape de montagne entre Orthez et Gourette-Col d'Aubisque, il est limogé par son équipe, la Rabobank. Mais cette fois nous n'y étions pour rien. Le coureur danois s'était soustrait à des contrôles inopinés, diligentés par l'agence antidopage danoise.

C'est finalement Alberto Contador qui remporte l'épreuve, lui qui n'avait pas eu le droit de prendre le départ du Tour l'année précédente, en raison de sa citation dans l'affaire Puerto.

Ce premier Tour de France dans lequel l'agence avait été impliquée nous laissait un goût amer, car les consignes de désignation des coureurs n'avaient pas été respectées. Les inspecteurs apparaissaient clairement de connivence avec les sportifs, les informations n'étant pas partagées.

De notre côté, nous avons constaté que nos « anciens » préleveurs, qui n'étaient pas issus de mon groupe, demandaient régulièrement des autographes aux coureurs. Et ils recevaient des cadeaux, casquettes, maillots et autres... pour leurs familles. Je découvrais aussi que certains ne visualisaient pas les mictions, alors qu'il était recommandé de faire relever les maillots et baisser les cuissards afin d'éviter la présence de topettes...

Dopage : ma guerre contre les tricheurs

Il y avait encore beaucoup de travail à accomplir pour rendre le dispositif conforme aux règles édictées par le Code mondial. Surtout, il fallait changer radicalement les mentalités : dans cette discipline, il y avait trop d'endogamie entre les acteurs. Beaucoup étaient d'anciens coureurs, héritiers d'une époque pendant laquelle ils avaient aussi « fait le métier », selon la litote du milieu pour évoquer le dopage.

Nous avons procédé au débriefing de ce Tour mouvementé avec l'organisateur. Christian Prudhomme voulait absolument que tous les moyens soient mis en œuvre pour que le Tour de France devienne conforme aux standards internationaux. L'engagement clair du responsable du Tour dans la lutte antidopage constituait une étape fondamentale. Mais le plus dur était à venir : lever les réticences de l'UCI.

Le destin allait nous donner un petit coup de main.

De drôles de crânes rasés.

Dix ans après l'affaire Festina – avec les pleurs de Richard Virenque, les révélations de Willy Voet et les grandes déclarations de « plus jamais ça » – le monde du cyclisme, comme l'avait montré le Tour 2007, n'avait pas voulu apprendre de ses erreurs. Les managers, les soigneurs, les médecins et les

La bataille du Tour

cyclistes n'étaient pas parvenus à se défaire de l'emprise de cette culture du dopage. Alors nous allions frapper un grand coup pour l'année 2008...
Durant la saison 2007-2008, la société historique organisatrice du Tour de France, Amaury Sport Organisation (ASO), était entrée en conflit (comme d'autres grands organisateurs de course) avec l'Union cycliste internationale. À tel point qu'ASO a décidé de retirer ses épreuves de l'UCI ProTour. Très courageusement, Jean Pitallier, le président de la fédération française, a suivi les dirigeants d'ASO et assumé la tutelle de ces courses.

En termes de lutte antidopage, cette nouvelle situation allait avoir des conséquences très importantes : ce n'était plus la fédération internationale de cyclisme qui serait en charge des contrôles sur ces épreuves mais, selon la loi française, l'Agence française de lutte contre le dopage. Sur le Tour précédent, nous étions juste prestataire de services, cette fois-ci nous pouvions prendre les commandes à la place de l'UCI. Ce qui change tout. C'était fini, les petits arrangements entre amis ! Les tricheurs avaient senti le vent du boulet sur le Tour 2007, ils pouvaient commencer à trembler. Cette fois, c'est le boulet qui s'apprêtait à dévaler sur le Tour.

La première salve consista à effectuer, en début de saison sur les épreuves ASO, des prélèvements de phanères – les mêmes que ceux effectués dans le foot et le rugby. Mais si, dans ces sports, nous avions pu procéder aux prélèvements de cheveux

Dopage : ma guerre contre les tricheurs

ou de poils sans difficulté, il n'en sera pas de même dans le cyclisme.

À l'approche du départ de Paris-Nice, l'agence a donné une conférence de presse pour afficher sa volonté d'effectuer ce type de prélèvements durant l'épreuve. L'annonce a provoqué une véritable levée de boucliers de la part du monde du cyclisme. Des coureurs ont même menacé de faire grève ! Il a fallu leur expliquer que les sportifs des autres disciplines avaient été soumis à ces mêmes relevés de phanères, sans que cela pose le moindre problème. Contraints d'accepter cette nouvelle méthode de contrôle, ils vont y trouver une parade... à leur manière. Ces prélèvements de phanères avaient pour but de déceler des molécules jusqu'ici indétectables par les analyses d'urine ou de sang.

L'organisation des contrôles, avant et pendant l'épreuve, avait fait l'objet de réunions préparatoires avec le conseiller scientifique de l'agence, le professeur Rieu, et le directeur du laboratoire de Châtenay-Malabry, Jacques de Ceaurriz. Il s'agissait de nous aider à définir des stratégies de contrôle en fonction du profil de la course et des informations que nous détenions, en tenant compte des capacités maximales d'analyse spécifiques du laboratoire.

Nous avions à notre disposition les meilleures conditions de ciblage, notre objectif étant de rendre imprévisible le choix des coureurs à tester pour déstabiliser ceux qui seraient tentés de tricher. Le

La bataille du Tour

but de cette opération était donc également une entreprise de dissuasion.

Je savais que vouloir éradiquer complètement le dopage relevait de l'utopie. En revanche, nous avions les moyens de perturber les tricheurs, de leur faire peur. Notre objectif était de diminuer le plus possible l'emprise du dopage par la crainte du gendarme.

Concernant les prélèvements de phanères, les cyclistes de leur côté avaient trouvé la parade. Et leur ruse était pour le moins... étonnante. Chaque jour, on les voyait arriver sur les courses avec des cheveux de plus en plus courts... Certains se rasaient complètement le crâne. Ou encore ils se faisaient teindre les cheveux. Soudain, une partie du peloton est devenu blonde... Et quand, faute de cheveux, on a voulu leur prélever des poils, ils étaient devenus entièrement imberbes ! Comme par miracle, les cyclistes n'avaient plus aucun poil. Ni aux aisselles, ni au pubis ! Ils prétendaient avoir adopté cette curieuse mode pour des raisons sexuelles. Bon, admettons. Mais les ongles, coupés si court qu'il était impossible d'en prélever le moindre morceau, c'était aussi sexuel ? Un préleveur a dû se résoudre à raser lui-même un coureur... pour récupérer la barbe du matin. Ce qui permettra de le confondre.

La course Paris-Nice, qui se déroulait du 9 au 16 mars 2008, nous a permis de tester le dispositif que nous allions mettre en place sur le Tour. ASO, pour cette épreuve, avait courageusement écarté

Dopage : ma guerre contre les tricheurs

l'équipe Astana de sa sélection, en raison de l'implication dans des affaires de dopage des coureurs de l'équipe en 2007, dont le fameux Vinokourov [1].

Cette décision avait provoqué l'ire de Pat McQuaid, le président de l'UCI, qui avait appelé au boycott de l'épreuve. Il n'était pas au bout de ses surprises. Car, avec l'aval d'ASO, nous allons nous employer à faire le ménage. Avec la mise en place d'un nouveau processus de contrôles qui allait profondément impacter le peloton.

Initialement, les contrôles pour cette course devaient être calqués sur les standards de l'UCI, comme en 2007. À savoir : le premier de chaque étape, le premier du classement général et deux coureurs tirés au sort. Mais tout le monde connaissait les noms bien avant l'arrivée. Il fallait donc changer la donne. J'ai d'abord désigné deux médecins préleveurs au lieu d'un. De plus, les ciblages à l'arrivée de chaque étape ne seraient dorénavant plus prévisibles pour les coureurs, ni pour leur entourage.

Les noms des sportifs devant être contrôlés ne seraient plus annoncés par Radio-Tour, ni affichés longtemps à l'avance. Évidemment, des personnes attendaient devant le panneau d'affichage et dès que

---

1. Contrôlé positif le 21 juillet 2007, Vinokourov est suspendu par son équipe Astana qui abandonne le Tour de France. Une contre-expertise demandée par Vinokourov s'avère positive. Le 30 juillet 2007, Astana annonce le licenciement de ce dernier qui, de son côté, nie les faits.

La bataille du Tour

les noms étaient communiqués, elles saisissaient leur téléphone portable pour les diffuser. Ma parade était de communiquer aux préleveurs les noms des cyclistes ciblés seulement quinze minutes avant l'arrivée. Ensuite, les préleveurs les transmettaient aux escortes dans les derniers hectomètres de la course... Cette nouvelle procédure a complètement déstabilisé le peloton. Dès le deuxième jour de Paris-Nice, près d'une dizaine de coureurs ont abandonné même s'il y a eu des chutes. La gronde montait contre l'Agence française antidopage. À tel point que nos préleveurs se faisaient régulièrement insulter.

D'étranges vigiles.

Les gendarmes de l'OCLAESP, partie prenante du dispositif, avaient été désignés par le ministère de l'Intérieur comme force opérationnelle officielle pour la lutte antidopage. Ils effectuaient un travail d'investigation, notamment dans les hôtels où descendaient les équipes. Ils étaient en fait en mission de reconnaissance pour le Tour de France qui allait suivre. Les gendarmes observaient le comportement des coureurs, leurs habitudes, leurs méthodes parfois étranges. Ils avaient ainsi constaté que certaines équipes avaient les mêmes guetteurs que l'année précédente.

Dopage : ma guerre contre les tricheurs

Dès qu'une personne s'approchait des chambres, ces vigiles l'interrogeaient sur le motif de sa visite et si besoin l'empêchaient d'aller plus loin. Comme si l'hôtel leur appartenait. Par exemple, si un préleveur venait contrôler un coureur, les vigiles lui interdisaient l'accès à la chambre du coureur et lui demandaient d'attendre. Ce type de comportement était inacceptable. Contraire à la procédure, il ne correspondait à aucun standard. Mais cette fâcheuse habitude avait longtemps été tolérée par les instances.

La défiance provoquée par les prélèvements capillaires inquiétait tout ce petit monde, probablement troublé par l'incertitude des résultats de ces nouvelles analyses. Les préleveurs étaient submergés de questions sur le sujet. Coureurs et managers insistaient sur la nécessité de devoir impérativement détruire les échantillons non analysés après la fin de la compétition. Pourquoi ? Que craignaient-ils ?

Paris-Nice avait constitué un premier coup de semonce. Le Tour de France 2008 s'annonçait comme un morceau de bravoure pour la lutte antidopage. Pour protéger cette épreuve patrimoniale, et combattre le dopage qui pouvait la gangrener, ASO nous avait réclamé plus de contrôles, notamment en amont du Tour, afin que les tricheurs soient éliminés avant le départ de la Grande Boucle et éviter d'en polluer le bon déroulement.

Pour y parvenir, il nous fallait localiser les sportifs et les tester plusieurs semaines, voire plusieurs mois, avant le départ de la Grande Boucle. Or nous

La bataille du Tour

ne pouvions bénéficier d'aucune information de localisation des cyclistes de la part de l'UCI. Et nous ne pouvions juridiquement pas contrôler un sportif dans un pays étranger. La seule solution consistait à faire appel à l'association des agences nationales (ANADO), pour que chaque agence nationale teste, à notre demande et à nos frais, des cyclistes répertoriés sur son territoire. Mais ces agences n'étaient pas forcément favorables à une collaboration, la plupart n'ayant que quelques mois d'existence. Certaines ont toutefois joué le jeu. Nous avons ainsi réussi à contrôler 30 coureurs lors des stages préparatoires, 5 autres ont fait l'objet de contrôles à domicile et 4 ont été testés durant leur transit à l'aéroport de Roissy. Enfin, nous avons contrôlé 31 coureurs lors des championnats de France avec l'approbation du président de la Fédération française de cyclisme de l'époque, Jean Pitallier.

Nous avions méticuleusement préparé cette bataille du Tour, avec l'intention de modifier pas mal de dispositions. En commençant par celle de la recherche des taux d'hématocrite, qui conditionnent le droit des coureurs à prendre le départ du Tour.

Tonnerre de Brest.

Il fallait faire preuve d'innovation en cherchant à perfectionner le dispositif par un profilage sanguin.

Dopage : ma guerre contre les tricheurs

Cela permettrait d'affiner la qualité des ciblages. Or le laboratoire de Châtenay-Malabry n'était malheureusement pas équipé d'appareil pour le faire. En revanche, celui de Lausanne possédait ces machines. J'ai donc rencontré le dirigeant du laboratoire suisse, Marcel Saugy, et Pierre-Édouard Sottas, l'un de ses collaborateurs. Nous avons envisagé la capacité d'analyse de ce nouveau type de prélèvement sanguin pour un volume d'environ 200 prélèvements à effectuer avant le départ du Tour à Brest, où seraient regroupés les coureurs.

Il faudrait ensuite acheminer aussitôt, de Brest à Lausanne, les échantillons collectés. Le secrétaire général Philippe Dautry et le président Bordry avaient validé le volet financier de l'opération, qui impliquait un nombre important de médecins préleveurs et le transport par véhicule spécial réfrigéré dans des délais très courts, mais aussi le prix des analyses avec des interprétations urgentes. Les responsables du laboratoire ont accepté notre demande malgré sa complexité organisationnelle. Cela signifiait que le personnel devait accepter de travailler une nuit entière pour me fournir tôt le matin les profils sanguins de tous les coureurs de l'épreuve, assortis de leur interprétation.

Cette opération d'envergure consistait à mettre en place très tôt dans la course le meilleur ciblage possible, le tout dans le plus grand secret pour éviter l'adaptation des tricheurs à cette nouveauté. Nous connaissions parfaitement leur stratégie : leur

La bataille du Tour

objectif était d'être en dessous du seuil de 50 % de taux d'hématocrite pour être autorisés à prendre le départ du Tour. Bon nombre d'entre eux étaient à 49,9 – comme les Mobylettes des années 1970. Juste à la limite.
  Nous avons rédigé des procès-verbaux spécifiques pour cet événement. Outre les prélèvements destinés au profilage, nous allions en effectuer avec des échantillons A et B de contrôle antidopage. Et cela n'avait pas du tout été prévu par les coureurs...
  Le plan s'échafaudait peu à peu. Le transporteur avait été contacté, toute la logistique se mettait méthodiquement en place. Les médecins, sélectionnés parmi les meilleurs d'Île-de-France, étaient chargés de la coordination à Brest de l'ensemble des préleveurs, mobilisés sur toute la région et les régions périphériques. Le piège était en train de se refermer sur le peloton.
  Une chose était la chimie – la première jambe de la lutte antidopage –, l'autre était la logistique...
  Les réunions de coordination avec les enquêteurs de l'OCLAESP s'étaient succédé pour organiser les actions sur les coureurs à surveiller tout particulièrement, puis leur intervention lors d'un contrôle positif.
  L'objectif premier consistait à mener ces actions dans la plus grande discrétion, pour éviter de troubler l'image médiatique de la plus grande épreuve cycliste au monde. Le moment clef, dans ce genre d'opération, se situe à l'arrivée des étapes. Quand il

Dopage : ma guerre contre les tricheurs

y a toujours beaucoup de monde, une grande agitation liée au stress, l'effervescence de la victoire des uns et la frustration des autres. En ce qui nous concernait, il fallait porter une attention particulière à la désignation des cyclistes que nous allions contrôler à l'arrivée. Et ce, dans des délais réduits au maximum afin que les cyclistes ne puissent pas mettre en place leurs stratégies de contournement. Le travail de prise en charge des escortes, dès le passage de la ligne d'arrivée, s'avérait essentiel. Il fallait que le sportif désigné soit immédiatement et en permanence sous notre contrôle visuel. Cette disposition, qui relève d'ailleurs de la procédure de contrôle du Code mondial antidopage, a évidemment pour but d'éviter toute manipulation de la part du sportif.

Nous avons aussi effectué un gros travail pédagogique auprès des responsables des équipes. Ils allaient en effet découvrir un nouveau système organisationnel qui changeait des habitudes acquises durant de longues années. Pour nous y aider, la collaboration avec la FFC a été totale. Tous les réseaux dont je disposais étaient en place et mobilisés. Il ne restait que quelques jours avant le début du Tour mais nous étions prêts. Il régnait au sein de notre équipe une forme de calme avant la tempête.

Cette année-là, le Tour partait donc de Bretagne, grande terre de cyclisme. Avec le président Bordry, nous avons fait le déplacement à Brest afin de coordonner sur place la nouvelle organisation des

La bataille du Tour

contrôles. Il s'agissait de lutter véritablement contre le dopage, « sans faire semblant » comme le disait à l'envi le professeur Michel Rieu.

Nos réunions préparatoires concernaient uniquement les personnes liées à l'organisation des contrôles. Elles impliquaient les inspecteurs de la Fédération française de cyclisme qui supervisaient la course à la place de ceux de l'UCI, bien sûr les médecins préleveurs sélectionnés, mais aussi le personnel des escortes, formé, reconnu indépendant et détenteur d'un cahier des charges strict. Soit peu de personnes issues du milieu du cyclisme.

J'étais certain de la qualité et de la probité de ces hommes et ces femmes. Nous avions constitué une petite machine de guerre dans la plus grande confidentialité. Cela n'allait pas manquer de surprendre et de déstabiliser les tricheurs habitués à la routine et surtout à une complaisance, voire à une collusion de la part de certains inspecteurs de l'UCI. Ils allaient sentir la différence.

En rentrant de Brest, j'ai décidé de ne pas rester dans les locaux de l'agence, ni de revenir sur le théâtre des opérations. J'avais besoin de prendre les bonnes décisions en toute sérénité, avec le recul nécessaire, sans être influencé et sans subir la tension ambiante. Je me suis réfugié dans une petite maison des Pyrénées-Orientales, où je me rends en vacances depuis des années. À l'abri des montagnes, j'étais en liaison téléphonique permanente

Dopage : ma guerre contre les tricheurs

avec mon équipe – mais personne n'avait la moindre connaissance de mon lieu de résidence.

À l'écart de toute pression médiatique, je pouvais travailler en toute quiétude et décider calmement du choix des ciblages. La table de la salle à manger s'était transformée en bureau, avec des notes et des dossiers étalés partout. Les profils de course, la liste des équipes avec les noms des coureurs, les téléphones, tout était prêt. La réussite de ce dispositif reposait désormais sur les préleveurs, en qui j'avais toute confiance.

Le Tour 2008 est parti le 5 juillet. Entre le 3 et le 4 juillet, nous avons procédé à 180 prélèvements sanguins. Durant ces deux jours, les managers des équipes n'ont cessé de vitupérer. Ils trouvaient que les temps de recueil étaient plus longs que d'habitude. Et pour cause, nous ne prélevions plus d'éprouvettes. Mais aussi, les documents à remplir étaient plus nombreux et plus détaillés que d'habitude. Car dans l'éventualité d'une positivité, une contre-expertise serait nécessaire avec un échantillon B.

Les échantillons sanguins sont ensuite partis vers Lausanne. Les chauffeurs se sont relayés, en roulant sans discontinuer toute la nuit, et les analyses ont débuté dès leur arrivée en Suisse. Le lendemain, à 8 heures, j'ai reçu un long compte rendu détaillé de Pierre-Édouard Sottas, qui me transmettait ses évaluations et ses déductions sur tous les profils hématologiques. Nous avons aussi reçu les profils sanguins de tous les participants à

La bataille du Tour

la Grande Boucle. Philippe Dautry, le secrétaire général de l'AFLD (qui avait fait des études de physique et de chimie) et le professeur Rieu, notre conseiller scientifique, étaient également destinataires. Tous les deux allaient passer de longues heures à décrypter les résultats. Chaque profil était anonyme, on lui octroyait juste un numéro d'identification. Les personnes qui travaillaient dessus n'avaient ainsi aucun moyen de savoir à qui les rapports correspondaient. Les données fournies par toutes ces personnes compétentes étaient d'une grande utilité pour affiner les ciblages. Et à ces données objectives s'ajoutaient les informations qui me parvenaient du terrain.

Le secret autour de cette opération était si bien gardé que les coureurs n'ont pas eu le temps de déjouer nos plans. Et les résultats furent édifiants.

Les interprétations des experts de Lausanne, Pierre-Édouard Sottas et Niels Robinson, confirmaient l'étendue du fléau du dopage dans le peloton. L'effet de surprise avait pris de court les cyclistes. Nous avions visé juste. Au regard des analyses, plus d'un quart d'entre eux avaient très probablement eu recours à des produits dopants...

Pour procéder ensuite au contrôle de ces coureurs, j'allais bénéficier de trois sources d'interprétations différentes : celles de Pierre-Édouard Sottas et Niels Robinson du laboratoire de Lausanne, celle du professeur Michel Rieu, et enfin celle du secrétaire général Philippe Dautry. Il me restait juste à

Dopage : ma guerre contre les tricheurs

faire une synthèse et à établir rapidement des choix de ciblage des coureurs à tester aux arrivées.

Par ailleurs, nous avions décidé d'introduire une petite variante aux contrôles habituels, inspirée par le travail des gendarmes : nous avons aussi décidé de contrôler les coureurs à leur hôtel, avant 21 heures ou le matin dès 6 heures. Bien entendu, lors des premières étapes les contrôles concerneraient majoritairement les sportifs dont les profils sanguins paraissaient suspects.

Un Tour décimé.

Mais le coureur fraudeur est comme un animal dans la nature, toujours aux aguets. Les tricheurs ont tout de suite senti le danger. Un certain nombre d'entre eux a tenté de compliquer la tâche des escortes après avoir été désigné pour un contrôle. Pour leur échapper, ils ne ralentissaient pas en franchissant la ligne et passaient devant les chaperons à grande vitesse avant de s'engouffrer dans leurs bus. Il est même arrivé que le vainqueur de l'étape disparaisse pendant de longues minutes !

Il fallait réagir tout de suite. J'ai donc rédigé un document en urgence pour rappeler aux managers des équipes la nouvelle procédure de désignation des coureurs. Ils devaient tous se conformer aux règles du Code mondial. Désormais, les sportifs désignés avaient l'obligation de se mettre à la

La bataille du Tour

disposition de leur escorte, à un point précis, sitôt la ligne d'arrivée franchie. À la suite de ce courrier comminatoire, les choses sont rentrées dans l'ordre. Dans les dix dernières minutes de la course, les entraîneurs étaient avisés de la désignation de leurs sportifs soumis au test. Ainsi, toute l'équipe devait se rendre dans la zone de contrôle, sans savoir qui serait prélevé.

Si le ciblage sanguin avait été réalisé à Lausanne, l'analyse des contrôles en course était effectuée comme d'habitude au laboratoire de Châtenay-Malabry. Comme nous avions frappé très fort, en fonction des paramètres suspects, le laboratoire était en ébullition. Car les échantillons prélevés s'avéraient d'une « excellente qualité », comme disaient ironiquement les médecins. C'était à peine croyable ! Et nous n'avions pas envisagé une telle situation.

Quelques jours avant le départ du Tour de France, nous avions pourtant pris la précaution, avec Jacques de Ceaurriz et Michel Rieu, d'établir un tableau de marche des analyses spécifiques, en fonction du profil de la course et des capacités maximales du laboratoire. Nous avions programmé les analyses d'érythropoïétine (l'EPO) au moment des étapes de montagne, c'est-à-dire là où ce produit dopant est le plus efficace. Mais nous n'avions pas prévu de procéder à des tests EPO dès le départ du Tour, persuadés que les tricheurs auraient respecté les délais d'élimination des prises d'EPO. Les

Dopage : ma guerre contre les tricheurs

analyses des tests de Brest montraient en fait que certains avaient « chargé » jusqu'au dernier moment avant le départ. Il fallait réagir très vite face à cet imprévu. J'ai téléphoné à Jacques de Ceaurriz pour lui demander s'il était possible de revoir complètement le programme établi. Quand je lui ai demandé s'il pouvait se lancer immédiatement dans une détection d'EPO, il n'a pas hésité une seconde. « Nous sommes à ta disposition », m'a-t-il dit. Très vite, les résultats ont abondé.

Il fallait trois jours pour révéler la présence de l'EPO dans les prélèvements sanguins et autant de jours pour confirmer cette positivité dans les urines.

Le 11 juillet, l'Espagnol Manuel Beltrán, ancien lieutenant d'Armstrong, est le premier coureur à tomber. Contrôlé positif à l'EPO lors de la première étape... Le médecin préleveur vient le lui signifier dans la chambre 112 de l'hôtel des Voyageurs, à côté d'Aurillac, terme de la septième étape. Quand le cycliste sort de sa chambre, les gendarmes en profitent pour procéder à une perquisition. En effet, la législation de juin 2008 sur la pénalisation de la détention de produits dopants permettait désormais de fouiller la chambre et les affaires des sportifs contrôlés positifs. Par exemple, si on trouvait de l'EPO le coureur encourait cinq ans de prison...

Dans la chambre de Manuel Beltrán, on ne trouvera pas ces produits. Il est néanmoins placé en garde à vue... Son arrestation n'est pas passée

La bataille du Tour

inaperçue dans le peloton, qui se montrait de plus en plus fébrile.

Après le Tour, Christian Prudhomme nous racontera avoir prévenu les directeurs d'équipes, lors d'une réunion, pour leur dire que les coureurs douteux allaient tous se faire prendre...

Le jour de l'annonce du contrôle positif de Beltrán, nous avons publié un communiqué de presse qui a eu l'effet d'une bombe sur la caravane du Tour. Le titre du communiqué était : « Remise aux coureurs du Tour de France des résultats de leurs prélèvements sanguins du 3 et du 4 juillet 2008. » Il y était précisé : « *En application du Code du sport, l'ensemble des coureurs ont fait l'objet de prélèvements sanguins destinés à permettre des ciblages ultérieurs de contrôles antidopage durant le Tour. Les résultats seront intégrés dans leur passeport sanguin individuel. Conformément aux dispositions réglementaires en vigueur, les résultats de ces analyses seront remis aux coureurs, en mains propres. Il est suggéré à certains de remettre leurs résultats au médecin de leur équipe, en raison de la possibilité d'un risque sanitaire, compte tenu des valeurs de certains paramètres...* »

Le message était clair... Après ce communiqué et l'envoi des courriers, on pouvait constater des abandons à la suite de chutes étranges. D'autres coureurs se contentaient de jeter l'éponge en déclarant : « Je n'ai plus de jus... »

Dopage : ma guerre contre les tricheurs

L'un d'eux nous a donné du fil à retordre. Son surnom dans le peloton était le « Cobra ». Riccardo Ricco ne devait pas disputer ce Tour. Présenté comme l'avenir du cyclisme italien, il avait pris part au Giro avant de partir en vacances. Puis il avait changé d'avis et demandé à ses employeurs à disputer le Tour de France. Les médias s'interrogeaient sur cette participation alors qu'il débarquait mal préparé pour l'épreuve... Nous l'avons tout de suite ciblé, tant ses paramètres sanguins étaient douteux. Je l'ai donc désigné pour un contrôle à la fin d'une étape.

L'homme de l'escorte l'attendait à l'arrivée. Il nous a raconté que quand il s'est avancé vers Ricco juste après son passage de la ligne, le coureur italien, comprenant qu'il venait d'être désigné, a poursuivi sa route vers une rue adjacente. L'escorte s'est lancée à sa poursuite en courant et a réussi le rattraper. Caché entre deux voitures, Ricco était en train de fouiller sous son cuissard. « Ne me regarde pas » a-t-il lancé. Notre contrôleur, sans se laisser impressionner, lui a ordonné de le suivre au poste de contrôle. Sous la contrainte, le sportif a finalement accepté...

Le responsable des contrôles sur le Tour avait été immédiatement informé par l'escorte de l'attitude de Riccardo Ricco. J'ai alors obtenu de la part de Jérémy Botton les coordonnées du directeur sportif de l'équipe Saunier Duval en Italie. Il

La bataille du Tour

s'agissait de Mauro Gianetti. Son nom est revenu à la surface lors du Tour 2020 remporté à la surprise générale par un très jeune coureur slovène, Tadej Pogačar. Or son directeur sportif était ce même Mauro Gianetti, cycliste et manager au passé sulfureux. En 1998, ce coureur suisse avait été à deux doigts de trépasser sur le tour de Romandie. Il avait passé trois jours dans le coma et dix jours en soins intensifs. Les médecins qui l'avaient soigné avaient très fortement suspecté la prise de PFC, un transporteur d'oxygène qui ne modifie par le taux d'hématocrite et d'une utilisation plus facile que l'EPO. En revanche, son usage s'avère très dangereux. Une plainte avait d'ailleurs été déposée... Le coureur français Stéphane Heulot, qui était alors en chambre avec Gianetti en 1998, avait tenté de prévenir l'équipe Saunier Duval des pratiques sulfureuses du manager qu'ils avaient embauché sans connaître ce passé...[1] C'est donc ce personnage qui se trouvait à la tête de l'équipe de Riccardo Ricco et que j'ai informé de la tentative de soustraction à un contrôle antidopage de son coureur, et des conséquences que cela pourrait avoir. Il m'a promis que cela ne se reproduirait pas. Nous avons aussi prévenu le coureur qu'en cas de récidive, il serait sanctionné.

---

1. « Heulot avait alerté les dirigeants de Saunier-Duval », *Ouest France*, 19 juillet 2008.

Dopage : ma guerre contre les tricheurs

Nous l'avons ciblé à nouveau dès le lendemain. Ricco faisait partie d'un groupe de nombreux coureurs qui présentaient, d'après leurs profils sanguins, tous les signes d'une préparation à l'EPO. Le problème, c'est que les chercheurs de Châtenay-Malabry parvenaient bien à identifier dans leurs échantillons d'urine la présence d'érythropoïétine (l'EPO), mais ne réussissaient pas à valider cette présence. Ils étaient pourtant les pionniers de la détection d'EPO dans les urines. Leur travail avait ainsi permis de faire tomber la première athlète du monde détectée à ce produit, la russe Elena Yegorova, contrôlée positive par nos soins au meeting de Saint-Denis en 2001.

Mais avec le groupe de Ricco, impossible d'obtenir une preuve formelle, et pour cause : il s'agissait d'une EPO nouvelle génération, dite « CERA » (Continuous Erythropoietin Receptor Activator). Commercialisée par les laboratoires Roche sous le nom de « Mircera », elle était alors autorisée en Allemagne et en Autriche, mais pas en France... Les cyclistes dopés s'en injectaient comme d'autres prennent une tisane pour dormir.

Les chercheurs Françoise Lasne et Jacques de Ceaurriz ont passé des nuits entières au laboratoire pour trouver la technique d'analyse qui leur permettrait de matérialiser la preuve de la présence de ce nouveau produit dopant... Le directeur du labo me réclamait d'autres échantillons de tel ou tel numéro. Je devais alors consulter mon équipe pour connaître

La bataille du Tour

l'identité du sportif et pouvoir le désigner afin qu'il soit à nouveau contrôlé. Les docteurs Lasne et Ceaurriz multipliaient les tentatives, en effectuant de nouvelles analyses pour réussir à confondre ces sportifs qui semblaient les narguer.

Dans mon QG pyrénéen, mes téléphones chauffaient à cause des appels incessants. Que ce soit le président de l'agence, les préleveurs sur le terrain, mes informateurs, mon équipe, les gendarmes, le secrétaire général ou encore Jérémy Botton, l'adjoint de Christian Prudhomme. Ces deux derniers étaient très motivés par la lutte contre le dopage mais évidemment inquiets de l'effet négatif pour le Tour que provoquerait une nouvelle révélation de dopage massif. Même si nous avions convenu, avec les gendarmes de l'OCLAESP, d'exfiltrer discrètement chaque cycliste positif.

Le surlendemain, nous désignons donc à nouveau Ricco. Cette fois, il ne s'échappe pas mais son comportement s'avère très suspect. Il n'arrête pas de gesticuler et refuse que le préleveur assiste à la miction, prétextant être gêné qu'on l'observe. Pourtant, devant la presse, il fanfaronne. Le 11 juillet, il remporte l'étape de montagne à Bagnères-de-Bigorre, après un grand numéro dans le col d'Aspin. Le journal *L'Équipe* le compare non sans une certaine malice à son prédécesseur Pantani, lui aussi grimpeur talentueux mais dopé invétéré. Ricco avait déclaré à propos de notre communiqué et du ciblage répété à son encontre :

Dopage : ma guerre contre les tricheurs

« Ils m'ont tellement cassé les c... avec toute cette histoire, que je leur montrerai qui je suis, sans tarder, dans les Pyrénées. »
Il paradait car il se sentait sûr de lui. Son fournisseur lui avait certainement assuré – et avec raison – que cette nouvelle EPO était indétectable. Le lendemain, son compatriote et coéquipier chez Saunier Duval, Leonardo Piepoli, a remporté l'étape à Hautacam. Tout le monde s'extasiait de cette performance – et de sa longévité : il avait 36 ans. Nous l'avons lui aussi ciblé pour vérifier s'il consommait cette nouvelle EPO.
Après dix jours de course, les cyclistes ont bénéficié d'un jour de repos. Toujours pas de fumée blanche signalée au laboratoire de Châtenay, qui butait toujours sur cette foutue EPO de troisième génération. Pourtant, les laborantins travaillaient d'arrache-pied jour et nuit, avec la conviction de pouvoir réussir cette première mondiale. À charge pour moi de leur procurer des échantillons de qualité.

Le bonhomme tranquille du café.

Parfois, je descendais de la montagne pour aller passer l'après-midi en famille sur la plage d'Argelès. Au milieu des baigneurs, je restais en contact avec mes préleveurs, par la grâce du téléphone portable. Quinze minutes avant l'arrivée de l'étape, je

La bataille du Tour

transmettais les ciblages. Il m'arrivait parfois de changer des noms au dernier moment car des informations m'étaient parvenues entre-temps. Puis je ramassais ma serviette et j'allais m'attabler dans un café pour regarder l'arrivée de l'étape, devant une bonne bière. Il y avait toujours foule devant la télé. Quand les journalistes évoquaient les affaires, les gens du café commentaient. J'étais au milieu d'eux, impassible. S'ils avaient su quel était le rôle de ce monsieur tranquille avec sa bière... En les écoutant, je me disais qu'il fallait maintenir la pression.

D'autant que certains cyclistes continuaient à se doper avec l'EPO ancienne génération. Ainsi, le 16 juillet, au lendemain de la journée de repos, on a signifié à l'Espagnol Moisés Dueñas Nevado qu'il avait été contrôlé positif à l'EPO. Le coureur a évidemment été placé en garde à vue. Son équipe a néanmoins pris le départ de l'étape mais les coéquipiers qui avaient partagé sa chambre, l'Italien Paolo Longo Borghini et le Colombien Félix Cárdenas, se sont percutés bêtement et ont dû abandonner sur chute.

Les contrôles ont continué au même rythme, dès 6 heures du matin. Les préleveurs étaient souvent accueillis par des insultes. On peut comprendre que les cyclistes qui s'apprêtent à prendre le départ d'une étape du Tour de France ne trouvent pas agréable d'être contrôlés à l'aube. Mais ce sont les comportements de certains, leurs pratiques et leurs incessantes manœuvres pour détourner les contrôles

Dopage : ma guerre contre les tricheurs

qui nous ont obligés à développer cette stratégie. Il fallait mettre à mal les méthodes des tricheurs, qui sont légion dans cette discipline. Et les faits nous ont donné raison.

Ces coureurs, dont beaucoup avaient cette année-là le crâne rasé ou les cheveux teints, insultaient les médecins et les infirmières qui venaient les contrôler avant d'aller pleurer dans les médias sur leur pauvre sort de sportifs persécutés. Lorsque je regardais le profil de leurs paramètres sanguins, ils démontraient clairement qu'ils avaient fait usage de produits dopants avant de se présenter sur ce Tour de France. Alors qu'ils allaient être applaudis sur le bord des routes par des enfants qui les considéraient comme des héros !

Je savais que ce travail de l'ombre, minutieux, ingrat, bénéficierait un jour à ceux qui ne trichent pas – et n'ont pas les moyens d'accéder aux victoires d'étape parce qu'ils ne luttent pas à armes égales. Oui, nous tous, gendarmes, fonctionnaires du ministère des Sports, de l'agence, médecins, escortes, laborantins, nous menions aussi le combat pour tous les cyclistes propres. Et des années plus tard, lorsque j'ai vu des coureurs que je savais honnêtes remporter enfin des étapes du Tour, voire monter sur le podium, j'ai ressenti une vraie fierté. J'avais l'impression que nous avions contribué à laisser émerger cette vérité sportive. Et que c'était nous les véritables défenseurs du cyclisme, avec des gens comme Christian Prudhomme. Et parfois contre d'anciens

La bataille du Tour

coureurs qui défendaient une culture laxiste, sans comprendre qu'elle tuait leur sport. L'époque avait changé, désormais le public n'acceptait plus ces pratiques. Aussi, au cœur de cet été 2008, on se battait pied à pied pour que ceux que nous savions dopés soient contrôlés positifs malgré tous les obstacles rencontrés.

L'attitude bravache et provocante de Ricco ne faisait que renforcer notre détermination. Nous allions le contrôler cinq fois. C'est finalement l'échantillon prélevé à l'étape de Cholet qui allait le confondre. En effet, à bout de fatigue, Françoise Lasne et Jacques de Ceaurriz étaient enfin parvenus à identifier la CERA.

Ricco piégé dans le bus.

Ce matin de la douzième étape, alors que le peloton attendait pour prendre le départ à Lavelanet, le président Bordry m'a appelé pour m'informer qu'il allait déclarer Riccardo Ricco positif dans les minutes qui suivaient. Or les gendarmes de l'OCLAESP étaient déjà en chemin pour rejoindre la ligne d'arrivée. Car il avait été convenu – pour des raisons de discrétion vis-à-vis des médias – que les sportifs seraient notifiés de leur positivité soit après l'arrivée, soit le soir dans leur chambre. Olivier Grondin, le médecin préleveur, s'apprêtait à monter dans le bus Saunier Duval pour informer de sa notification le porteur du maillot à pois du

Dopage : ma guerre contre les tricheurs

Tour de France. Seulement, un certain nombre de journalistes savaient que ce médecin était un élément majeur de notre dispositif. Le voyant cheminer vers le bus de Ricco, ils l'ont suivi, bientôt accompagnés de la foule qui patientait près du village de départ. Grondin est monté dans le bus à la rencontre de Riccardo Ricco. Prévenus, les gendarmes revenaient toutes sirènes hurlantes pour prendre les choses en main. Mais entre-temps, la foule avait compris la situation, elle entourait le car Saunier Duval et commençait à huer le coureur. Ricco le fanfaron était soudainement blême. Olivier Grondin n'en menait pas large non plus devant cette foule de plus en plus pressante.

Il m'a appelé pour savoir où en était l'OCLAESP et me confier qu'il n'était pas rassuré, dans ce bus encerclé par une foule hurlante. Les gendarmes locaux, peu habitués à ce type d'intervention, étaient débordés par la situation. Finalement, le chef de groupe Henri Friconneau et ses hommes Laurent Hecquet et Pascal Torrecillas sont arrivés. Ils ont organisé l'exfiltration de Riccardo Ricco par l'avant du bus, une voiture collée à la porte. Malheureusement, dans la cohue qui avait précédé, les sacs de certains sportifs avaient été retirés des soutes du véhicule, ce qui rendait la perquisition ultérieure inutile. Quelques jours plus tard, nous confrontions également son coéquipier, le merveilleux vainqueur à Hautacam, positif à la CERA. Ce qui faisait deux coureurs qui utilisaient un nouveau produit dopant

La bataille du Tour

dans la seule équipe de Mauro Gianetti. Eu égard à son passé sulfureux, nous avions du mal à croire à un concours de circonstances. D'autant plus lorsqu'un autre de ses coureurs Juan José Cobo, vainqueur du Tour d'Espagne 2011, sera déclassé pour dopage... Si bien que lorsque le coureur slovène Tadej Pogačar, 21 ans, a remporté le Tour de France 2020 avec comme manager de son équipe UAE Emirates Mauro Gianetti, cette victoire a rencontré dans le milieu un certain scepticisme.

Un mal nécessaire.

Mais, à l'époque, l'information du contrôle positif de Ricco, maillot à pois, a provoqué une déflagration médiatique. Dix ans après l'affaire Festina, le Tour était à nouveau pris dans la tourmente du dopage. Patrice Clerc et Christian Prudhomme, les dirigeants du Tour, ont donné une interview à *L'Équipe* pour défendre cette action qui, disaient-ils « sauvait le Tour ». Je le pensais également.

Même si je m'interrogeais, forcément. Comme beaucoup, je vénérais cette épreuve et j'avais bien conscience que notre action nuisait à son image. Mais c'était notre mission. Comme le déclaraient les responsables de la Grande Boucle : « Ceci est paradoxalement une bonne nouvelle pour les coureurs propres. » Et Prudhomme d'ajouter : « Ne

Dopage : ma guerre contre les tricheurs

vous trompez pas, l'ennemi, c'est le dopage, pas la discipline sportive. » C'était aussi ma conviction. Même si sur le moment le choc a été rude pour la réputation du Tour, cette journée, à terme, travaillait à sa crédibilité. Aussi allons-nous continuer les coups de filet les jours suivants. Dimitri Fofonov est contrôlé positif à l'heptaminol sur la dix-huitième étape. Finalement, ce Tour 2008 sera une vraie hécatombe puisque seront déclarés positif à la Céra : Stefan Schumacher, vainqueur de deux étapes contre la montre ; Leonardo Piepoli, coéquipier de Ricco et vainqueur à Hautacam ; et enfin Bernhard Kohl, sur le podium à Paris avec sur les épaules le maillot à pois qu'avait dû abandonner Riccardo Ricco...

Ce fut terrible pour l'image du cyclisme en même temps qu'une formidable publicité pour le travail de l'Agence française antidopage, avec l'appui des gendarmes de l'OCLAESP. Toute la chaîne avait parfaitement fonctionné, des escortes aux commissaires, sans oublier les préleveurs. Ils avaient terminé le Tour harassés mais avaient accompli un travail remarquable, avec des contraintes très difficiles et sous une pression permanente.

L'ensemble du personnel du laboratoire de Châtenay avait également été formidable, tout comme celui de l'agence à Paris. Dans ce travail de l'ombre, chaque élément de la chaîne avait eu son importance.

La bataille du Tour

Notre seule erreur a été causée par un manque de communication. Un peu avant l'arrivée du Tour, un soir aux alentours de minuit, les enquêteurs de l'OCLAESP en planque avaient aperçu un ancien cycliste et père de deux coureurs en vue monter dans les étages de l'hôtel ou étaient logés ses fils... avec une glacière à la main. Mais les gendarmes n'avaient pas demandé la collaboration des douaniers, seuls à avoir la compétence juridique pour intervenir et contrôler le contenu de cette glacière. À l'exception de ce loupé, notre gestion des contrôles était couronnée de succès.

Je me demandais pourquoi ce travail n'avait pas été conduit de la même manière auparavant. La réponse était finalement assez simple : l'endogamie. Les personnes de l'UCI qui travaillaient contre le dopage étaient pour une grande majorité d'entre elles issues du cyclisme : les inspecteurs, les contrôleurs, et même les chauffeurs des véhicules à notre disposition, qui désapprouvaient notre fermeté. Certaines personnes au sein de l'UCI voulaient vraiment changer les choses mais il y avait trop d'inertie.

Pour ma part, la conséquence de cette réussite, à ma grande surprise, avait été de provoquer des jalousies en interne. Les membres de mon équipe au siège parisien avaient été harcelés du matin au soir par le responsable juridique de l'agence, qui voulait connaître mes sources d'information et mes relations avec le laboratoire.

Dopage : ma guerre contre les tricheurs

Mais, comme Marcel Pagnol le fait dire à Jean de Florette, « une source ça ne se dit pas ». La préservation de l'intégrité physique des personnes qui me faisaient confiance était pour moi prioritaire. Cela pouvait être dangereux pour ceux qui me parlaient. Il ne subsistait donc aucune trace papier ni informatique qui pourrait compromettre qui que ce soit. La qualité de mes réseaux tenait à cette confidentialité et ceux qui me parlaient avaient confiance en moi. Ils savaient que leur identité ne serait jamais dévoilée. Par précaution, mes rendez-vous avec ces « contacts » n'avaient jamais lieu au sein de l'agence mais dans des endroits discrets à proximité. Et les membres de mon équipe étaient seulement informés des noms des cibles à atteindre, sans savoir l'origine de mes sources.

Cette défiance interne était la première étape d'une lente et systématique entreprise de destruction de cette formidable machine qui venait de faire ses preuves durant ce Tour 2008. Peut-être avions-nous justement été trop efficaces. Cette réussite devait être le début de quelque chose et elle sera malheureusement celui de la fin de notre aventure.

11

La normalisation

Comment, sous la pression du pouvoir politique, l'Agence française de lutte contre le dopage a été obligée de rentrer dans le rang.

Bien des mois après les tumultes du Tour de France 2008, on en entendait encore des échos. Notre intense activité du mois de juillet n'avait pas plu à tout le monde. C'est dommage. Je reste persuadé que l'arrivée, quelques années après, de cyclistes français parmi les meilleurs du Tour n'était pas étrangère à notre coup de balai. Je ne dis pas que tous les coureurs français sont blancs comme neige, mais les équipes françaises se sont engagées plus franchement que d'autres pour un cyclisme propre.

Toujours est-il que dans certains bureaux du ministère, voire plus haut encore, l'indépendance dont l'agence avait fait preuve n'avait pas été bien perçue. Un jour, nous avons appris que le gouvernement venait de déposer un amendement dont la

Dopage : ma guerre contre les tricheurs

finalité consistait à retirer à l'AFLD la gestion de la lutte contre le dopage pour la confier au ministère des Sports. C'était un retour considérable en arrière. Contraire au sens de l'histoire. Les agences nationales de tous les pays devraient être indépendantes de tout pouvoir politique, sportif et économique. Et bien entendu l'Agence mondiale antidopage devait elle-même être indépendante des grandes fédérations et du CIO.

Profitant d'un texte de loi, par le système d'un « cavalier » législatif, le gouvernement avait proposé par ordonnance de prendre des mesures nécessaires pour modifier le Code du sport, soi-disant « pour protéger la santé des sportifs et améliorer la politique nationale avec une révision des compétences de l'État, de l'Agence française de lutte contre le dopage et les fédérations françaises ainsi que la gouvernance de l'agence ». En clair, cette ordonnance, votée un vendredi soir vers 23 heures, redonnait au ministère des Sports tous les pouvoirs. Il s'agissait aussi d'écarter le président Bordry, qui revendiquait en permanence son indépendance et refusait tout diktat ministériel.

Ce coup d'État dans le monde du sport fut fêté tout le week-end par certains agents revanchards du ministère. Mais c'était sans compter sur les parlementaires (de tous les partis politiques) : en découvrant le subterfuge, ils avaient aussitôt déposé un

La normalisation

contre-amendement pour un vote le mardi suivant. Marie-George Buffet, à l'origine de la création d'une autorité de lutte antidopage indépendante, était forcément à la pointe du combat. Dans un communiqué cinglant, elle avait dénoncé cet état de fait et la volonté de l'État d'affecter un commissaire du gouvernement auprès de l'AFLD. Elle déposait une question écrite au gouvernement, en interpellant le président de la République, pour lancer un débat parlementaire sur l'avenir du sport. Le mardi suivant, les parlementaires rejetaient le cavalier législatif à l'unanimité. Dommage pour les bouteilles de champagne du ministère des Sports.

Les relations entre le ministère et l'agence n'étaient déjà pas au beau fixe et se sont tendues davantage avec cette tentative de reprise en main par ordonnance. Les réunions communes étaient glaciales. Ma situation s'avérait délicate, dans la mesure où je faisais partie des agents en situation de détachement. Le ministère était ma maison mère, je connaissais une grande partie du personnel depuis de longues années. Je comptais donc beaucoup d'amis dans ce qui reste un formidable outil pour le développement du sport sur tout le territoire. On ne le signale pas assez mais, au regard de son nombre d'habitants, la France a obtenu des résultats remarquables dans tous les sports, qu'ils soient collectifs ou individuels, aux jeux Olympiques comme dans les différents championnats du monde de

Dopage : ma guerre contre les tricheurs

hand, de foot, de basket... Ces résultats sont le fruit d'une politique sportive mise en place par le général de Gaulle et le colonel Marceau Crespin, et le ministère est le bras armé de cette politique éducative. L'ensemble du territoire offre un encadrement du sport exceptionnel, avec du personnel de qualité. Peu de pays peuvent se prévaloir d'un réseau de clubs sportifs aussi vaste, incluant le moindre petit village, avec des cadres d'État dans chaque département.

Le ministère des Sports reste pourtant un « petit » ministère, si l'on se réfère à son budget, à son périmètre d'action et à son nombre d'agents. Mais il contribue pourtant fortement au rayonnement de la France à travers la réussite de ses sportifs. Toutefois, nos champions ont la nécessité d'être performants, et ils doivent accomplir ces performances proprement. *Nemo auditur propriam turpitudinem allegans.* Nul ne peut se prévaloir de sa propre turpitude...

C'était tout le sens de mon appartenance à l'agence. Aussi, je devais faire fi de toutes ces tensions et rester fidèle à mon engagement vis-à-vis de l'AFLD. Cette passe d'armes parlementaire a constitué un sérieux avertissement. Il nous fallait jouer serré. La secrétaire d'État Rama Yade avait visiblement des instructions pour nous reprendre en main. Heureusement, nous avions encore un président digne de ce nom, un grand

La normalisation

commis de l'État : Pierre Bordry, qui ne va pas se laisser faire.

La pression du ministère.

Dans la foulée, le ministère des Sports annonce le gel d'une partie des subventions allouées à l'AFLD. Aussitôt, Bordry organise une conférence de presse pour dénoncer cette décision. La pression médiatique, et celle des parlementaires, va obliger le ministère à débloquer la subvention. La secrétaire d'État aux Sports n'a pas apprécié ce revers. Pierre Bordry devait mener un combat incessant. Il nous servait de bouclier en toutes circonstances. Les attaques du ministère, ajoutées à celles de certaines fédérations internationales, commençaient à user l'homme : il m'en faisait part lors de nos nombreux tête-à-tête. Il ne cédait pas aux innombrables pressions externes mais les coups bas lui faisaient mal.

Cette tentative insidieuse de réduire nos budgets s'avérait le meilleur moyen de limiter notre action. Au mois d'octobre, le ministère des Sports, vexé de n'avoir pas réussi son putsch par la voie du cavalier législatif, est revenu à la charge avec un « contrat de performance » auquel l'agence devait se plier, en nous imposant six objectifs : définir la meilleure programmation possible des contrôles en et hors compétition ; définir une politique nationale ;

Dopage : ma guerre contre les tricheurs

définir un groupe cible et accroître les contrôles à l'entraînement de ces sportifs ; définir une politique régionale en lien avec les correspondants régionaux ; définir une politique adaptée aux fluctuations constantes des substances interdites ; définir une meilleure politique de ciblage des contrôles concernant les animaux.

À cette liste s'ajoutait la nécessité de réaliser des procédures « zéro défaut » lors des prélèvements, tout en améliorant le niveau d'accréditation du département des analyses. Ces préconisations concernaient aussi l'orientation de la recherche, la détection de l'hormone de croissance, et un objectif à atteindre avant la fin de l'année 2009 : mettre au point le test de détection de l'insuline. Sans oublier, bien sûr, la maîtrise des coûts des contrôles...

Tout cela était particulièrement baroque. Jusqu'à la création de l'AFLD, le ministère des Sports était lui-même en charge de la lutte antidopage. Et celui-ci réclamait soudainement à l'agence de réaliser rapidement d'énormes avancées. Ce que ce même ministère n'avait jamais réalisé pendant les décennies où il était responsable de cette lutte.

Par ailleurs, l'AFLD devait désormais fournir à chaque directeur régional, et bien sûr au ministère, un état des contrôles réalisés et des résultats positifs, ainsi que les mesures disciplinaires des cas positifs. Ces rapports devaient être rendus tous les mois, tous les trimestres et tous les ans.

La normalisation

Le ministère mettait sur l'agence une pression constante. On nous téléphonait régulièrement pour nous demander de fournir, en urgence, des informations qui demandaient des heures de labeur à plusieurs personnes, alors que nous étions déjà submergés de travail. Pourtant, nous n'avions pas à assumer ces tâches à leur demande... puisque l'agence était officiellement un organe indépendant.

Pourquoi un tel harcèlement ? Alors que notre laboratoire était en tête du bilan mondial de performances en termes de détection des analyses positives ! Et ce succès résultait de la qualité de nos ciblages. Il y avait, derrière ce manque de reconnaissance de la part du gouvernement, la volonté évidente de nous affaiblir. Et de permettre au pouvoir politique de contrôler à nouveau la lutte antidopage, ce domaine si sensible...

Un rapport du Conseil d'État nous donnait raison. Celui-ci avait émis un avis défavorable à l'obligation de transmettre au ministère les projets de budget décidés par le collège de l'agence. Le Conseil d'État estimait que cette disposition était une sorte de tutelle, incompatible avec le statut d'une autorité publique indépendante. Il avait également émis un avis négatif à cette obligation de l'agence de transmettre chaque mois, à chaque directeur régional de la jeunesse et des sports et de la vie associative, un récapitulatif des contrôles effectués dans sa région ainsi que la liste des substances interdites détectées sur cette région...

Dopage : ma guerre contre les tricheurs

De même, l'institution de la place du Palais-Royal reconnaissait au directeur du département des contrôles de l'AFLD le droit de garder le pouvoir de déléguer sa signature à une personne désignée par lui-même parmi les agents des services du ministre des Sports.

Mais, malgré les avis du Conseil d'État, le ministère continuait de bafouer l'indépendance de l'agence. Et Pierre Bordry était fatigué de se battre au quotidien contre cette mainmise. En plus de lutter contre les institutions de son propre pays, il devait batailler en même temps contre les fédérations internationales et en particulier l'UCI.

Ce conflit entre l'Union cycliste internationale et les organisateurs des grandes compétitions cyclistes ne pouvait perdurer dans le temps. Les parties ont fini par s'entendre et la société ASO, l'italien RCS et l'espagnol Unipublic, organisateurs des grands tours, et signé un accord mettant un terme à ce conflit qui a déchiré le vélo quatre ans durant...

Des coureurs soudain très maigres.

En conséquence de cet accord, l'UCI redevenait responsable des contrôles antidopage sur le Tour de France. Dès lors, il fallait régulariser notre rôle. Après avoir été les « patrons » en la matière durant une édition du Tour, avec les résultats que l'on

La normalisation

sait, nous repassions sous les fourches caudines de l'UCI.

En juin 2009, Pat McQuaid et Pierre Bordry, dans le cadre du Code mondial antidopage, ont trouvé un *modus vivendi*. Du moins le croyait-on. Le protocole définissait le rôle de chacun et l'AFLD redevenait prestataire de services pour les notifications, les prélèvements, le transport des échantillons et les analyses. Il prévoyait également une collaboration en matière de ciblage des sportifs à contrôler.

Mais les dissensions sont vite revenues. Car malgré les effets de manche, la nature même de l'UCI – cette endogamie du monde du cyclisme peuplé d'anciens coureurs avec leurs habitudes – a repris le dessus.

Nous nous sommes heurtés aux premières difficultés lors du pré-Tour. Comme nous n'avions pas accès aux données des coureurs étrangers avec le logiciel ADAMS, nous avions très peu d'informations exploitables sur la localisation des équipes en général, et celle d'Astana en particulier. Or c'était celle avec laquelle Lance Armstrong revenait à la compétition. Avec le retour de l'Américain dans le peloton, on changeait de dimension. Il ne s'agissait plus seulement de lutte antidopage mais presque de raison d'État.

Pour l'UCI, il était impossible que le Tour de France connaisse en 2009 les mêmes soubresauts qu'en 2008. Elle refusa catégoriquement de nous adresser les profils sanguins ou leur interprétation...

Dopage : ma guerre contre les tricheurs

Il nous était dès lors impossible de reproduire l'opération qui avait pourtant si bien fonctionné l'année précédente, avec 180 contrôles sanguins au départ du Tour pour cibler les coureurs.

La Grande Boucle débutait dans des conditions déplorables, sans aucune collaboration entre l'UCI et son prestataire de services. Voilà pourquoi Lance Armstrong et son équipe n'ont pas été testés par nos soins, faute d'information sur sa localisation. Très vite, nous avons compris que nous n'étions plus maîtres sur notre sol. Pour preuve, Armstrong fut doté d'une protection spéciale composée d'une voiture de police escortée par des motocyclistes...

Le Tour est parti le 2 juillet de Monaco. Après deux jours passés sur place pour tenter de coordonner les futurs contrôles, j'ai regagné ma petite maison des Pyrénées. Mais cette fois, je n'étais plus un chef militaire à la veille d'une attaque, je devenais tributaire du bon vouloir de l'UCI. Toutefois, je gardais mon réseau en alerte sur le terrain. Ainsi, dès les premières étapes, je reçois des signalements de différentes sources. Il y a un problème avec les coureurs : une grande partie d'entre eux présente une maigreur anormale ! La plupart ont perdu plusieurs kilos par rapport à leur poids de forme des saisons précédentes. Pour certains, cela allait jusqu'à 8 kilos... Des entraîneurs ayant travaillé avec ces sportifs s'étonnaient : à l'époque, ils avaient tenté en vain de leur faire perdre du poids avec l'aide de nutritionnistes, pour améliorer leur

La normalisation

rendement. Était-il possible d'avoir autant maigri et de garder suffisamment d'énergie pour accomplir trois semaines de course dans l'épreuve la plus difficile au monde ? J'ai fini par trouver la réponse à cette question que tous les observateurs se posaient : l'AICAR avait fait son apparition dans le peloton...

Il s'agit d'une molécule connue depuis 1956 mais les travaux destinés à en faire un médicament avaient été abandonnés en raison de graves effets secondaires. L'intérêt pour cette substance est revenu en 2007 avec les travaux d'un grand biologiste américain, le professeur Ronald Evans. Ce scientifique californien avait effectué des recherches sur l'obésité, problème majeur de santé publique aux États-Unis. Il avait administré cette substance à des rats et ceux-ci s'étaient montrés 44 % plus endurants que le groupe de rats qui n'avait pas bénéficié de l'AICAR... Cette molécule avait pour vertu de faire perdre du poids tout en améliorant la consommation maximale d'oxygène à l'effort. Un turbo, en quelque sorte. Couplé à un allégement du poids de la carrosserie.

Le professeur Rieu, prévenu de la nouvelle tendance du peloton, apportait une réponse rapide et inquiétante. Car au-delà de ses vertus, cette molécule avait de graves effets secondaires sur le foie et les reins. Pourtant ce produit circulait, il avait même été découvert lors de perquisitions chez des amateurs.

Dopage : ma guerre contre les tricheurs

Interrogé à son tour, le laboratoire de Châtenay s'était tourné vers le laboratoire de Cologne, qui avait travaillé sur la mise au point d'un test de dépistage de l'AICAR. Mais personne n'avait plus entendu parler de ce test.

**Pas de contrôle positif, donc pas de dopage...
L'étrange protection d'Astana.**

Dès le début du Tour, la tension est montée entre les inspecteurs de l'UCI et les médecins préleveurs français. Les premiers souhaitaient évincer les seconds, qui avaient obtenu tant de résultats l'année précédente. Ces inspecteurs avaient reçu une formation pour prélever les échantillons. L'objectif était clair : écarter le personnel de l'AFLD pour pouvoir fonctionner sans témoins. Les inspecteurs de l'UCI avaient même procédé à des prélèvements sans la présence des escortes, qu'ils considéraient comme des espions à notre solde. Cela se traduisait parfois par des manœuvres un peu minables. Par exemple, l'UCI ne prévoyait pas suffisamment de chasubles pour équiper les escortes, ou bien délivrait en nombre insuffisant les documents de notifications autocarbonées...

Les chaperons avaient eu l'occasion de constater les liens très amicaux entre les inspecteurs et certains coureurs – l'un d'eux était même un ami intime de la famille de Mark Cavendish. Le tutoiement était

La normalisation

souvent de rigueur. Et certains coureurs se permettaient de téléphoner au médecin de l'UCI, avec l'autorisation de l'inspecteur, pour se plaindre de subir trop de contrôles.

Les hommes de l'UCI manquaient également de discrétion. Au restaurant, ils annonçaient à voix haute le nombre de contrôles inopinés du lendemain et du surlendemain, et donnaient les noms des équipes concernées... Comme pour les prévenir. Les médecins préleveurs de l'AFLD avaient dû intervenir pour stopper ces indiscrétions.

Face à tous les problèmes rencontrés, le président Bordry était intervenu directement auprès de Pat McQuaid, pour lui signaler les dysfonctionnements de son organisation.

Son appel est resté sans effet. Dès le lendemain, les inspecteurs de l'UCI retardaient volontairement les prélèvements de 45 minutes dans l'hôtel de l'équipe Astana, prétextant que ses coureurs devaient se reposer un peu plus. Ils faisaient patienter les préleveurs dans le hall de l'hôtel, ce qui laissait largement le temps à Lance Armstrong et ses coéquipiers de contourner le contrôle en utilisant tous les stratagèmes de dilution des prélèvements pour les rendre propres.

Un autre incident de ce type s'est produit quelques jours plus tard. Alors que toute l'équipe Astana devait être contrôlée, les inspecteurs sont arrivés trop tard ! Involontairement ? J'en doute.

Dopage : ma guerre contre les tricheurs

D'autant qu'il s'agissait toujours de la même équipe...

Défiant tout respect de la procédure, une journaliste avait assisté aux prélèvements de Lance Armstrong, avec l'accord d'un inspecteur. Elle avait même pris des photos, ce qui est formellement interdit. En fait, cette médiatisation servait la propagande de l'Américain.

On pourrait poursuivre ainsi, pendant longtemps, la litanie des dysfonctionnements dus à l'organisation des contrôles par l'Union cycliste internationale. Par exemple, des échantillons sanguins avaient été conservés dans des coffres de voiture, au soleil, donc sans respecter la chaîne du froid. Cela en attendant que le transporteur, très en retard, les prenne en charge. Et les recueils d'échantillons n'étaient pas accompagnés des documents de la chaîne de possession, qui doivent pourtant être joints à tous les prélèvements...

Les ciblages que je transmettais à l'UCI n'étaient pratiquement jamais effectués. La personne qui me servait d'intermédiaire faisait comme bon lui semblait. Et, bizarrement, elle n'était presque jamais joignable dans les dernières heures de la course. Entre mes demandes de contrôles et la réalité, il y avait beaucoup de pertes.

Il y avait par ailleurs bien peu d'échanges sur les interprétations des experts qui analysaient les profils sanguins afin de procéder aux choix tactiques des

La normalisation

ciblages. D'autant que nous n'avions aucune information sur les résultats des prélèvements sanguins effectués avant le départ du Tour, alors que l'année précédente l'étude de ces profils nous avait mis dès le début de l'épreuve sur la piste des tricheurs.

Cette marche lente de l'UCI dans la lutte antidopage sur le Tour 2009 était presque caricaturale. Parfois, les inspecteurs arrivaient en retard sur la fin de course. Ils débarquaient en même temps que les coureurs qui passaient la ligne d'arrivée. Si bien que les documents étaient remplis à la hâte, avec des risques d'erreur. Ce qui n'a pas manqué de se produire.

Enfin, la gestion des médicaments importés par les médecins des équipes posait un problème majeur. Cette importation nécessitait en effet une demande d'autorisation (auprès de l'Agence française de sécurité sanitaire et des produits de santé) car certains produits étaient interdits d'utilisation pour les sportifs. Les équipes prétextaient que ces médicaments étaient destinés au personnel encadrant... Le manque de professionnalisme de ce petit monde devenait pesant. À toutes ces négligences s'ajoutait une accumulation de décisions arbitraires et de passe-droits. Les comptes rendus des intervenants sur le terrain, témoins de tous ces dysfonctionnements (escortes, médecins préleveurs, observateurs extérieurs et gendarmes de l'OCLAESP) concordaient tous : les dés étaient

Dopage : ma guerre contre les tricheurs

pipés ! Les contrôles sur ce Tour s'avéraient être une belle mascarade[1].

Le rapport qui met le feu aux poudres.

Devant ce scandale, Pierre Bordry nous a demandé de rassembler tous les témoignages sur les turpitudes de l'UCI durant ce Tour de France 2009. Ils ont ensuite été transmis aux secrétaires généraux pour qu'ils en effectuent une synthèse. Philippe Sagot et Philippe Dautry ont effectué un travail important de recoupement chronologique des faits accablants qui s'étaient succédé sans discontinuer.

Un premier document de travail a été produit très rapidement. Comme à son habitude, le président prenait le temps de passer me voir dans mon bureau. Il m'a lu le document, dont le contenu était strictement le reflet de ce que nous avions vécu. Puis il est allé s'entretenir avec le professeur Michel Rieu et avec les secrétaires généraux. Il écoutait tous les avis puis s'enfermait dans son bureau et retouchait le contenu des textes. Il procédait toujours ainsi.

Mais que faire de ce rapport ? Nous risquions encore une fois de subir les foudres de tous ceux que notre travail dérangeait. Cela allait s'ajouter aux nombreux mails d'insultes qui nous parvenaient en

---

1. Pat McQuaid, qui perdra en 2013 la présidence de l'UCI, avait réagi à ces témoignages avec virulence.

La normalisation

permanence. Nous étions les méchants qui s'attaquaient aux légendes du sport.

Pierre Bordry a longtemps tergiversé. Lorsqu'il m'a demandé mon avis, je lui ai répondu que mon grand-père me disait souvent : « Lorsque le paysan laboure les champs, les cailloux remontent toujours à la surface. » Si un jour la vérité éclatait, que Lance Armstrong était démasqué, on ne manquerait pas de nous reprocher une forme de complicité pour n'avoir pas dénoncé les arrangements dont il bénéficiait et l'étrange fonctionnement de l'UCI.

La presse non plus n'était pas dupe. *Le Figaro*, comparant avec l'avalanche de contrôles positifs dans le Tour 2008, s'étonnait que « le Tour de France 2009, comme par enchantement, [ait] été préservé de tout scandale ».

Finalement, Bordry a décidé de publier le rapport. Le lundi 5 octobre 2009, il a tenu une conférence de presse qui a produit des étincelles. Car le rapport de l'AFLD détaillait par le menu les erreurs de l'Union cycliste internationale. Et dénonçait le traitement de faveur dont avait bénéficié l'équipe Astana, notamment Lance Armstrong, Andreas Klöden et le vainqueur Alberto Contador. Il révélait par exemple que les coureurs d'Astana avaient bénéficié des « contrôles les plus tardifs le matin », avec pour conséquence une absence de « caractère inopiné » dans ces contrôles. Dès le lendemain de cette conférence de presse, nous avons à nouveau

Dopage : ma guerre contre les tricheurs

reçu des mails et des courriers d'insultes venant de France et du monde entier.

Bien entendu, le président Pat McQuaid était furieux. Et l'UCI a qualifié ces accusations de « graves et infondées ». La fédération internationale a annoncé qu'en conséquence elle allait « étudier la possibilité de collaborer avec un partenaire neutre pour les contrôles antidopage sur le sol français ». Ce qui voulait dire se passer de nos services pour le prochain Tour de France.

Bordry a aussitôt réagi auprès du journal *Le Monde*, le 7 octobre 2009 : « Qu'est-ce que cela veut dire, un partenaire "neutre" ? Si cela signifie se taire, alors ce ne sera pas l'AFLD. Si on veut vraiment lutter contre le dopage, il faut une politique rigoureuse des contrôles. Or, sur le Tour de France, cet été, pour ne reprendre qu'un seul exemple, des échantillons ont été transportés en dehors de toute précaution de bonne conservation. C'est tout à fait inadmissible. Et c'est notre rôle de le dire. » La ministre des Sports Roselyne Bachelot lui a apporté son soutien : « Il faudrait que l'UCI présente des arguments extrêmement sérieux pour discréditer l'AFLD en ne lui confiant pas les analyses. Ce ne serait pas, je pense, en faveur de l'UCI. »

Le rapport proposait justement que des experts de l'AMA viennent sur le Tour pour voir comment travaillait vraiment l'UCI. L'AMA avait déjà envoyé des observateurs sur le Tour 2003. Et ceux-ci avaient constaté les manquements à la politique

La normalisation

antidopage de l'UCI, globalement les mêmes que ceux relevés par l'AFLD.

À l'instar de McQuaid, l'ancien président de l'UCI Hein Verbruggen avait dénoncé à l'époque les «inexactitudes» du rapport des experts de l'AMA.

Malgré le comportement de Pat McQuaid, Pierre Bordry a décidé, en février 2010, de faire un pas vers lui. Il lui a proposé une collaboration entre les deux institutions pour pouvoir effectuer en commun des contrôles antidopage efficaces sur toutes les épreuves se déroulant sur le territoire de la République. Quelques jours plus tard, il recevait une fin de non-recevoir de la part du président de l'UCI : il «ne pouvait en aucun cas améliorer l'efficacité de la lutte contre le dopage». La missive était assortie de préconisations et du dénigrement des actions menées par l'agence.

Comme l'UCI refusait que l'agence française procède aux contrôles sur les courses cyclistes de l'Hexagone, elle avait imposé à la Fédération française de cyclisme de les organiser elle-même lors des compétitions figurant au calendrier de l'UCI, cette dernière se chargeant des grandes courses internationales. La décision, lourde de conséquences au niveau organisationnel, avait contraint la fédération à chercher des préleveurs et à les former en urgence aux procédures de prélèvements. Or ces préleveurs n'étaient pas assermentés, ce qui n'est pas conforme à la loi française.

Dopage : ma guerre contre les tricheurs

Pendant toute cette année, la fédération a été dans l'obligation de recruter du personnel, alors que l'AFLD disposait des personnes compétentes pour faire le travail... Ce nouveau dispositif kafkaïen a évidemment entraîné des coûts importants.

La saison 2010 s'avançait dans ce contexte très particulier. Il avait été décidé que la course Paris-Nice soit gérée par l'UCI. Avec les mêmes dysfonctionnements... Une fois de plus, les inspecteurs n'ont pas respecté les règles internationales, en faisant des prélèvements sans la présence des escortes, pourtant à leur disposition. Des contrôles prétendument inopinés étaient organisés d'une manière singulière : trois heures avant le contrôle, les inspecteurs apportaient les notifications aux directeurs sportifs, pour « donner du temps aux coureurs ». À nouveau, ces avantages étaient surtout réservés à l'équipe Astana.

Comme par hasard, les chaperons n'ont pas été conviés par les inspecteurs pour assister les préleveurs pendant les contrôles aux hôtels. Et les échantillons urinaires prélevés ont été envoyés au laboratoire de Lausanne par Chronopost, comme un colis normal, sans conditionnement réfrigéré, donc sans respect de la chaîne du froid. Bref, les contrôles sur le Paris-Nice 2010 se sont déroulés dans des conditions scandaleuses.

De même, Pat McQuaid ayant refusé de collaborer avec nous, l'UCI décida unilatéralement de gérer seule le Tour de France 2010. Elle a

La normalisation

donc évincé de la plus grande épreuve sportive française... l'agence nationale de l'État français ! C'est insensé mais c'est pourtant ce qui s'est passé.

La situation était d'autant plus ubuesque que beaucoup de courses de dimensions internationales se déroulent en France. Or l'UCI n'était pas en mesure de réaliser des contrôles sur toutes ces courses... Elle publiait, chaque année, une liste de compétitions qui auraient lieu sur le territoire français. Ces épreuves étaient classées en trois catégories : A, B et C. D'habitude, l'UCI effectuait des contrôles sur les courses A et B et nous autorisait à contrôler les catégories C, à condition de l'informer des contrôles prévus. Un jour, un entraîneur m'a avoué avoir été prévenu des contrôles programmés sur chaque course de catégorie C.

Pour ne pas laisser les tricheurs du Tour nous échapper, nous avons essayé d'exploiter le règlement du Code mondial antidopage, auquel l'UCI devait normalement se conformer. L'AFLD a officiellement réclamé des contrôles additionnels pendant le Tour de France 2010, comme elle en avait le droit lorsqu'il s'agit d'une épreuve internationale organisée sur son sol. La demande d'une soixantaine de prélèvements avait été acceptée par l'AMA. L'UCI ne pouvait refuser. D'autant que, suite à notre rapport, des observateurs indépendants de l'Agence mondiale antidopage s'étaient invités sur le Tour 2010 pour voir comment procédait

Dopage : ma guerre contre les tricheurs

l'UCI dans sa prétendue « lutte ». J'avais donc la possibilité, si des informations précises me parvenaient, de demander à l'AMA de faire contrôler un ou plusieurs coureurs.

Aussitôt le Tour commencé, mes informateurs ont fait remonter des pistes à exploiter. J'en ai donc informé l'AMA, en donnant le nom des coureurs qu'il fallait cibler. Mais un nouvel obstacle s'est présenté : la machine administrative de l'AMA a jugé nos demandes insuffisamment argumentées et exigeait qu'elles soient davantage motivées. Pourtant, dans ces cas-là, il faut être rapide et efficace.

Eh bien non, il nous a fallu demander au secrétaire général Robert Bertrand, alors rédacteur à l'Assemblée nationale, de broder des pages d'argumentaires pour qu'enfin le responsable de l'AMA accepte de bien vouloir transmettre les deux ou trois noms des cyclistes à cibler ! Après Ubu, Kafka s'était invité dans le peloton. Il ne manquait plus que lui.

Par le plus grand des hasards, les coureurs que j'avais ciblés ont fait d'excellentes performances le lendemain. Deux jours plus tard, j'ai désigné trois coureurs à contrôler en priorité le lendemain. Et ils sont arrivés aux trois premières places de l'étape… Pourtant, nous ne disposions d'aucun paramètre sanguin car l'UCI refusait toujours de nous les donner.

Devant la précision des ciblages, les responsables de la gestion des paramètres au laboratoire de Lausanne ont déclenché une enquête interne. Ils

La normalisation

étaient persuadés qu'il y avait une fuite au sein de leur équipe et qu'une taupe m'informait... Ce n'était pas le cas : mes informations venaient simplement du monde du cyclisme.

À la fin de ce Tour 2010, les observateurs indépendants ont rendu leurs conclusions à l'Agence mondiale antidopage au sujet des méthodes de l'UCI. L'AMA a remis quelque temps plus tard son rapport : il confirmait l'essentiel des manquements de l'UCI, ceux-là mêmes que nous avions dénoncés l'année précédente... Cette publication de l'AMA constituait pour nous une petite victoire. Mais en fait elle allait devenir notre chant du cygne.

Annus horribilis.

Cette année-là, la lutte antidopage en France a subi deux énormes coups du sort.

D'abord un drame qui nous a tous affectés : la mort prématurée de Jacques de Ceaurriz le 5 janvier. Ce pharmacologue de formation a été l'un des acteurs majeurs de la lutte antidopage en France. Avec sa consœur Françoise Lasne, il a fait du laboratoire de Châtenay-Malabry, qu'il dirigeait depuis 1997, le laboratoire le plus performant au monde dans cette discipline. Ce laboratoire affichait un taux d'analyses de prélèvements positifs de 5 %, quand les laboratoires de Los Angeles ou de Madrid atteignaient difficilement 1 % à 2 %.

Dopage : ma guerre contre les tricheurs

Jacques de Ceaurriz était au départ spécialisé sur les pathologies professionnelles en rapport avec les pollutions industrielles, à l'Institut national de recherche et de sécurité de Nancy. Puis il a enseigné la chimie-toxicologie à la faculté de pharmacie de Châtenay-Malabry. En 1997, l'occasion s'est présentée à lui de prendre la succession de Jean-Pierre Lafarge à la tête du laboratoire de Châtenay-Malabry. Son grand fait de gloire est d'avoir mis au point le test pour détecter l'EPO. L'érythropoïétine entraîne une augmentation du nombre de globules rouges dans le sang, ce qui pour les sports d'endurance représente un atout énorme. De sorte que, depuis les années 1990, ce produit dopant avait ravagé certains sports, essentiellement les épreuves de fond et de demi-fond d'athlétisme, le ski de fond et bien entendu le cyclisme. On considère que l'EPO était déjà présente aux jeux Olympiques de Barcelone, en 1992...

Aussi, la détection de cette substance était un enjeu considérable pour le sport moderne. En 2000, la publication de la découverte de Ceaurriz et Lasne dans la célèbre revue *Nature* a changé la face du sport. Non que l'EPO ait disparu des compétitions, mais sa détection a mis un frein aux aberrations sportives de certaines disciplines, où des ânes devançaient des chevaux de course grâce à l'EPO.

Au-delà de cette réussite, Ceaurriz était un homme de bien, honnête, franc, à l'éthique irréprochable. Il ne se sentait pas habité par une cause

La normalisation

particulière dans sa participation à la lutte antidopage mais il accomplissait inlassablement, avec rigueur et dévouement, une tâche qui s'avéra absolument essentielle. Sa mort suite à une intervention médicale nous a tous dévastés. Bordry et Ceaurriz avaient en commun le sens du devoir et servaient une cause plus grande qu'eux. Ils protégeaient chacun leur institution de toute influence. Ils étaient garants de son indépendance.

Quelques mois après la mort de Jacques de Ceaurriz, fatigué par ses combats incessants face aux attaques de toutes parts, Pierre Bordry a pris une grave décision, qu'il voulait salutaire pour notre institution. Il considérait que s'il ne pouvait exercer sa mission conformément à l'éthique de sa fonction, il était de son devoir de démissionner. C'était pour lui une façon de tirer la sonnette d'alarme : il pensait que cette décision allait créer une prise de conscience, un électrochoc à même de renforcer l'indépendance de l'agence. C'est malheureusement tout le contraire qui se produisit.

Bordry a démissionné en septembre 2010. Bien sûr, dans un premier temps, la presse s'est fait l'écho des raisons profondes de son départ, du manque de soutien de l'État vis-à-vis de la lutte antidopage et du manque de moyens alloués à l'AFLD.

Mais très vite, le pouvoir politique a profité du vide laissé par Bordry pour nommer à son poste un homme d'un tout autre profil, un grand

Dopage : ma guerre contre les tricheurs

juriste, spécialiste de la procédure administrative. Tandis que Bordry était un croisé de la lutte antidopage, un homme de conviction qui n'hésitait à porter le fer au cœur même des tricheurs, son successeur considérait cette fonction comme une autre. Bruno Genevois avait une connaissance encyclopédique des résultats de football. Il avait rarement été sur le terrain, ne connaissait pas intimement les sportifs, leur personnalité et leur psychologie. Il n'appréhendait la lutte antidopage que sous le prisme juridique.

Pour Bruno Genevois, énarque major de promotion, ancien secrétaire général du Conseil constitutionnel, le droit primait sur l'action. Il n'a eu de cesse de produire des normes, des modèles juridiques, pour encadrer l'action de l'AFLD. Ce qui le plus souvent a eu pour résultat de la paralyser.

Nous avions toujours plus de formulaires à remplir et de règlements à respecter. Les tricheurs se sont engouffrés dans cette brèche comme le vent dans les branches.

L'exemple type a été le ciblage des athlètes pour les jeux Olympiques. Comme chaque année précédant la grande manifestation, nous avons demandé aux fédérations olympiques et au CNOSF les noms et adresses des sportifs susceptibles d'être sélectionnés aux Jeux, afin de les contrôler.

Nous avons alors adressé des courriers à ces sportifs, pour pouvoir les intégrer dans notre groupe

La normalisation

cible. La procédure s'était alourdie car le nouveau président de l'agence y avait ajouté une notion de « contradictoire » : le sportif pouvait désormais contester et demander des rendez-vous. Pour retarder au maximum leur intégration, les petits malins ont trouvé l'astuce : ils n'allaient pas chercher leurs lettres recommandées. Le courrier nous revenait, puis s'ajoutait le temps du traitement administratif et celui d'un nouvel envoi. Les sportifs attendaient ensuite 14 jours avant d'aller finalement chercher les recommandés.

Enfin, en dernier recours, comme ils en avaient désormais le droit, ils demandaient un rendez-vous. Mais ils étaient souvent indisponibles pendant un certain temps... Si bien que certains sportifs, dont les procédures avaient été engagées au mois de novembre de l'année précédente, n'avaient été localisables qu'au mois de juin suivant. Soit quelques semaines seulement avant les épreuves olympiques. Pendant, tout ce temps, c'est-à-dire celui de la préparation olympique, ils avaient pu échapper aux contrôles...

En suivant les directives de notre juriste de président, nous avions rendu tellement complexe la procédure d'intégration dans le groupe cible que nous étions devenus les victimes du dispositif. Sa lourdeur administrative excessive laissait la porte ouverte aux procéduriers purs et durs.

Alors que la Fédération internationale d'athlétisme, assez volontariste dans la lutte antidopage,

Dopage : ma guerre contre les tricheurs

envoyait un simple mail, doublé d'un courrier recommandé, pour informer l'athlète de son intégration dans le groupe cible. Il avait vingt-quatre heures pour se localiser sans contestation possible : c'était imparable et cela fonctionnait...

Car finalement, quels que soient leurs arguments pour ne pas faire partie du groupe cible, les sportifs y étaient systématiquement intégrés. Nous avions juste perdu beaucoup de temps, et ce, au profit des tricheurs.

Le président a poussé plus loin son souci de la nomenclature en cloisonnant l'agence. La main droite de l'AFLD ignorait ce que faisait sa main gauche ! Ce qui a entraîné des répercussions terribles sur le terrain...

Au début du Tour de France 2011, j'ai appris qu'un membre d'une équipe avait été vu en train de récupérer des produits dans le faux plafond des toilettes d'un hôtel. J'ai donc demandé à Magali Louis, ma correspondante de l'UCI, de tester toute l'équipe. Elle a accepté et le contrôle a eu lieu le lendemain matin à 6 heures. Curieusement, un seul cycliste de l'équipe s'avéra positif. Bien après le Tour, j'apprendrai qu'en fait les analyses de toute l'équipe avaient été limites, avec des seuils très tangents. L'équipe a donc failli être déclarée positive dans son ensemble ! J'étais furieux de ne pas en avoir été informé. J'ai découvert avec stupeur qu'on avait interdit au personnel de l'agence de me transmettre cette information, pourtant capitale. On

La normalisation

avait aussi demandé au laboratoire de Châtenay de ne plus communiquer avec moi.

J'étais isolé, aveuglé, marginalisé, coupé de mon bloc interne pour procéder aux ciblages... Pourtant les consignes de l'AMA étaient claires : les laboratoires devaient échanger avec les responsables des contrôles des agences nationales. Ces échanges permettent de gagner en efficacité. Malgré cela, on est même allé jusqu'à me cacher le contrôle positif d'Alberto Contador... L'AFLD cachait à son directeur des contrôles les résultats de ceux-ci. Pour quelle raison ? Peut-être étais-je devenu dangereux, imprévisible, ingérable. L'objectif était clair : il fallait me rendre moins performant. Car je gênais.

L'agence s'est rapprochée de l'institution qui entravait le plus la lutte antidopage : l'UCI de Pat McQuaid... même si nous avons pu mieux travailler avec elle par la suite, au gré de la nomination de certaines personnalités à l'UCI comme Francesca Rossi et Olivier Banuls. Néanmoins, plus rien ne sera jamais comme avant. Avec la mort de Jacques de Ceaurriz et la démission de Pierre Bordry disparaissait aussi une certaine idée de la lutte antidopage.

12
La confession

La singulière rencontre entre le coureur dopé et celui qui a provoqué sa chute.

Bernhard Kohl a été l'une des grandes révélations de ce Tour 2008. L'Autrichien avait été, certes, un jeune grimpeur prometteur. Mais on ne l'attendait pas à ce niveau. À tel point que les journaux de son pays, devant ses soudaines performances en montagne, ont dépêché en hâte des reporters sur le Tour de France. À la surprise générale, cet amateur d'alpinisme a terminé à la troisième place du classement général sur les Champs-Élysées. Il fallait remonter à 1957 pour trouver sur le podium du Tour l'un de ses compatriotes, un certain Adolf Christian.

Kohl avait également remporté le maillot à pois de meilleur grimpeur, une première pour un cycliste autrichien. Il appartenait à l'équipe Gerolsteiner, comme Stefan Schumacher, contrôlé

Dopage : ma guerre contre les tricheurs

positif, et dont il partageait la chambre durant le Tour 2008[1].

Or le profil biologique de Kohl montrait clairement des signes de dopage. Il appartenait à ce groupe de coureurs que le laboratoire de Châtenay avait identifiés comme utilisateurs de la nouvelle EPO. Les échantillons de Kohl ont été réanalysés après la fin du Tour, à la suite de la mise au point définitive du test pour déceler la CERA. Il a donc été déclaré positif au mois d'octobre 2008[2].

Le coureur avait alors 26 ans. Cette annonce a constitué pour lui un véritable coup de massue car, comme ses collègues reconnus positifs à cette substance, il était persuadé qu'elle était indétectable. Ce fut également un choc dans son pays, où il était devenu une vedette.

Passé ce moment de sidération, Kohl a reconnu les faits, contrairement à l'immense majorité des

---

1. Le 29 avril 2009, la fédération allemande annonce que Schumacher a été contrôlé positif à l'EPO CERA lors des jeux Olympiques de 2008. Le résultat de l'échantillon A est confirmé en juillet 2009 lors de l'analyse de l'échantillon B. En novembre 2009, le Comité international olympique annule sa treizième place acquise lors du contre-la-montre des Jeux. En janvier 2010, il est suspendu par le Tribunal arbitral du sport jusqu'au 27 août 2010.
2. Le 13 octobre 2008, soit quelques mois après le Tour, il est déclassé à la suite d'un contrôle positif à l'EPO CERA sur cette épreuve. Il est alors suspendu deux ans par la commission de discipline de l'agence antidopage autrichienne NADA.

La confession

sportifs pris pour dopage, qui restent dans le déni. L'Autrichien a estimé qu'il était préférable, pour se reconstruire, de sortir du mensonge dans lequel il s'était enfermé pendant des années. Il a en effet reconnu se doper depuis l'âge de 19 ans ! Voilà pourquoi nous avons souhaité le rencontrer, avec mes collègues des douanes et de l'OCLAESP. Nous voulions comprendre sa démarche et qu'il nous livre ses méthodes de dopage, sa logistique, sa stratégie de contournement des contrôles, afin de pouvoir mieux lutter à l'avenir contre les tricheurs. Nous voulions utiliser sa repentance à bon escient, pour déceler les trous dans notre raquette. L'Autrichien a accepté mais ne voulait pas venir à Paris, de peur d'être incarcéré une fois sur le territoire français. Le colonel Bourret, patron de l'OCLAESP, lui avait pourtant donné sa parole d'officier qu'il n'en serait rien. Rien n'y fit. Aussi nous sommes-nous rendus à Vienne.

La réunion avait été organisée dans les locaux d'une officine autrichienne de gestion de crise sollicitée par le coureur pour gérer sa communication. Son contrôle positif avait provoqué un vif émoi en Autriche, où il devait faire face à un scandale d'ampleur nationale. C'était certainement cette agence qui lui avait conseillé de nous parler. Même s'il avait décidé lui-même de sortir du déni, c'était une autre démarche de tout dévoiler à des membres d'une organisation nationale antidopage (ONAD) et à des gendarmes. Nous avons donc atterri à Vienne, où un correspondant des douanes nous a rejoints. Il

Dopage : ma guerre contre les tricheurs

avait trouvé une interprète car aucun de nous ne parlait allemand.

Les locaux de l'agence se trouvaient dans un immeuble du centre-ville. On nous a introduits dans une salle de réunion où Bernhard Kohl nous attendait avec plusieurs conseillers. L'entretien a duré une heure trente et s'est déroulé dans le plus grand calme. Le cycliste est «passé à table», comme on dit dans la police. Il a longuement détaillé l'organisation de son dopage, décrit le cheminement des échantillons sanguins destinés aux transfusions et raconté par le menu les systèmes permettant de les faire sans inquiétude, même lorsque nous venions le contrôler. Nous découvrions en direct les astuces et les méthodes les plus sophistiquées pour déjouer notre dispositif.

C'était impressionnant à bien des égards. Et perturbant de voir comment des coureurs, qui n'étaient pas diplômés de médecine ou de pharmacie, parvenaient à mettre à mal des contrôles conçus par des scientifiques...

Nous avons aussi été surpris d'apprendre qu'ils établissaient leur programme de dopage dès la saison précédente. Kohl a ainsi commencé à «préparer» le Tour de France 2008 dès la fin du Tour 2007. En août 2007, il avait subi un premier prélèvement d'un litre de sang, puis un second du même volume. Ces prélèvements ont été conditionnés par un laboratoire, puis par son manager, qui avait l'expérience de ce genre de manipulation sanguine. Les poches de deux litres ont été divisées en quatre poches d'un

La confession

demi-litre, puis congelées en vue du Tour 2008. Son manager s'occupait de la logistique, il achetait le matériel et les coureurs de l'équipe participaient au financement. Le tout était entreposé dans un appartement loué en Autriche.

Pour aborder le Tour de France, Bernhard Kohl a entrepris un entraînement soutenu et s'est préparé avec de la testostérone, de l'insuline... et la nouvelle EPO. En revanche, il nous a assuré n'avoir pris aucune de ces substances durant l'épreuve, en raison du nombre de contrôles-surprises que nous avions diligentés. « C'est au moins ça », me suis-je dit. Il s'est fait l'injection de CERA trois jours avant le départ. Son effet étant censé durer davantage que celui d'une EPO classique, il était donc convaincu – comme les autres – que la nouvelle hormone serait indétectable. Pendant le Tour, il a procédé à trois autotransfusions grâce aux poches de sang. Il a fait la première au soir de l'étape qui arrivait à Super-Besse, remportée par Riccardo Ricco. Kohl avait terminé à la vingt-cinquième place. Il pointait alors au dix-neuvième rang du classement général, à 2'03" du leader Kim Kirchen. Il s'est fait la deuxième autotransfusion peu de temps après, au moment de franchir les Pyrénées. Cela s'est visiblement montré efficace puisque après les étapes pyrénéennes, il pointait en quatrième position du classement général. La dernière autotransfusion a été réalisée avant les étapes des Alpes.

Chaque fois, son manager quittait le peloton pour aller chercher une poche dans leur appartement

Dopage : ma guerre contre les tricheurs

d'Autriche. Il la décongelait et la rapportait sur le Tour. L'autotransfusion avait lieu dans la chambre du manager, le soir au moment du repas. L'opération durait moins d'une demi-heure, donc personne ne remarquait l'absence du coureur. Kohl nous a expliqué qu'il ressentait physiquement l'effet de la transfusion deux jours après la prise.

Il parlait sans retenue. C'était pour lui comme une libération. Il nous a d'ailleurs confié avoir été étonné d'apprendre que seulement trois coureurs avaient été positifs à cette nouvelle EPO... Cela l'avait rassuré d'apprendre que les échantillons allaient être de nouveau testés après le Tour. Il s'est alors dit que l'organisateur ne pourrait pas disqualifier tout le monde si trente échantillons étaient testés positifs... Les sportifs dopés ont parfois des raisonnements bizarres.

Les explications de Kohl mettaient en lumière tout un système dont l'UCI était à mes yeux le complice passif. Car il se trouve que les coureurs connaissaient les principes du « passeport biologique ».

Pour cette base de données qui le concerne, chaque coureur doit effectuer des prises de sang à intervalle régulier. Car des variations dans les paramètres biologiques sont le signe d'une prise de produit dopant. Et les résultats sont systématiquement adressés à l'UCI. Les coureurs ont parfaitement intégré ce processus et cette menace, ils savaient pertinemment qu'ils devaient disposer de données biologiques stables pour ne pas éveiller les soupçons.

La confession

Pour cela, ils utilisaient les résultats des analyses de leurs prélèvements sanguins effectués par l'UCI, que la fédération internationale leur transmettait.

Kohl nous a expliqué qu'à partir de ces données, les coureurs – conseillés par des médecins complices – affinaient et équilibraient leurs protocoles de dopage afin de les rendre moins lisibles par les organismes antidopage. Le jeune Autrichien a clairement laissé entendre que le passeport biologique les aidait plus qu'il ne les dérangeait. Un comble ! Les cyclistes tricheurs avaient ainsi adapté leur processus de dopage. Auparavant, ils se dopaient plusieurs fois dans la saison, à raison de trois ou quatre grosses cures par an. Désormais, ils se dopaient par petites doses toute l'année...

À la fin de la réunion, j'ai proposé à Bernhard Kohl un entretien en tête à tête. Je souhaitais avoir en face de moi la personne dont j'avais ruiné la carrière. Et lui donner des explications sur ma démarche. Il était sincère, je voulais l'être aussi. Il a accepté spontanément et nous nous sommes rendus dans une petite pièce adjacente. Je trouvais ce garçon attachant. Enfant, il aimait faire de grandes randonnées dans les Alpes autrichiennes. À 16 ans, il avait quitté l'école pour apprendre le métier de ramoneur et pouvoir s'entraîner. J'ai été touché par notre conversation. J'avais en face de moi un jeune homme bien sous tous rapports, tombé « dedans » pour « faire le métier », selon l'expression du milieu.

Dopage : ma guerre contre les tricheurs

Son parcours suivait celui de la plupart des coureurs dopés. Doué étant jeune, il avait gagné des courses dans les catégories cadet, junior et espoir, tout ça à l'eau claire, dans la candeur originelle du sport. Et puis un jour, les coureurs qui terminaient habituellement derrière passent devant lui. Peu à peu, il n'arrive plus à les suivre. Il ne comprend pas pourquoi. Alors les anciens viennent expliquer comment « on fait le métier ». Et proposent des solutions... Pour rester compétitif, il n'avait pas trop le choix. S'il voulait continuer à occuper les premiers rôles, il devait « se charger ». S'il refusait, par éthique, il resterait le faire-valoir du peloton.

Kohl m'a ensuite posé une question : comment avais-je fait pour le repérer et le cibler ? Cela l'avait surpris car, disait-il, « [s]es paramètres étaient parfaits ». Il voulait comprendre aussi pourquoi je ne l'avais pas testé dès le départ alors que je l'avais repéré. Ses paramètres biologiques avaient fait l'objet de contrôles par les spécialistes qui l'avaient « préparé ». Ils lui avaient certifié que tout était en ordre. Voilà pourquoi il était si serein lorsque nous venions le contrôler. Même quand nous débarquions par surprise, alors qu'il était en pleine transfusion dans un autre local. Tout avait été prévu pour nous retarder, avec la complicité de ses coéquipiers qui devaient faire semblant de le chercher.

Cette entrevue a été un moment fort pour moi. Désormais, la lutte antidopage n'était plus une simple théorie, ni une affaire de programmation de contrôles.

La confession

Elle se concrétisait et prenait le visage de ce jeune homme au regard doux assis en face de moi. J'avais des remords, d'autant qu'il avait été fortement secoué par le déchaînement médiatique que son contrôle positif avait déclenché en Autriche. Quand je lui ai dit qu'il était jeune et pourrait recommencer à courir après sa suspension, il a été catégorique : tout cela était désormais terminé pour lui. Ce monde du cyclisme n'était plus le sien. Bernhard Kohl n'est plus jamais remonté sur un vélo. En octobre 2010, invité à s'exprimer par l'Agence américaine antidopage lors de son congrès annuel, il a déclaré : « C'est absolument impossible de gagner le Tour sans dopage. Il suffit de voir la vitesse moyenne de la course pour le comprendre. Tous les ans, on est au-dessus de 40 kilomètres à l'heure... Les coureurs vous disent qu'ils ont été contrôlés des dizaines et des dizaines de fois et qu'ils n'ont pas été testés positifs, mais ça ne prouve absolument rien. Moi, j'ai été contrôlé environ deux cents fois dans ma carrière. Sur ces deux cents contrôles, j'en ai effectué cent en étant dopé. J'ai été pris une fois, mais les quatre-vingt-dix-neuf autres je suis passé au travers. Les coureurs se dopent parce qu'ils ont l'impression qu'ils ne seront pas pris et, dans la très grande majorité des cas, ils ont raison de le croire[1]. »

---

1. Eurosport, « Kohl : "C'est impossible" », 5 octobre 2010, https://www.eurosport.fr/cyclisme/kohl-cest-impossible_sto2493533/story.shtml

Dopage : ma guerre contre les tricheurs

C'était dur à entendre pour les gens chargés de lutter contre le dopage. Nous sommes repartis de Vienne avec des sentiments partagés. Notre combat n'était pas vain mais en fait il dérangeait peu le système. Nous nous débattions, nous dépensions une énergie folle, pour n'être finalement qu'un petit caillou dans la chaussure du peloton.

J'ai décollé de l'aéroport de Vienne avec la conviction que nous ne luttions vraiment pas à armes égales avec les tricheurs. C'était plutôt décourageant mais, en même temps, je sentais que ce jeune homme avait ouvert une voie. C'est pour des sportifs comme lui que nous nous battons. Pour des jeunes qui ont aimé le sport pour de nobles raisons, avec ses valeurs les plus pures, mais qu'un système vicieux a menés au dopage. Avec l'exemple de cette existence brisée, je prenais vraiment conscience du sens de notre lutte, mais j'en percevais également les limites.

L'autre leçon à tirer de cette visite, c'est qu'il fallait travailler encore plus tous ensemble, douanes, gendarmes et agences. C'était la seule solution pour rétablir un peu l'équilibre face à ce système de triche organisée.

13

Le cas Jeannie Longo

L'inusable Jeannie Longo reste l'une des sportives les plus célèbres et les plus appréciées des Français. Pourtant, il y a une immense distorsion entre son image dans les médias et pour le grand public – celle d'une championne authentique, élevée au bon air des Alpes – et celle qu'ont d'elle les personnes en charge de la lutte antidopage. Pour nous, Jeannie Longo est un cas d'espèce.

Rappelons d'abord qu'elle a été contrôlée positive à l'éphédrine dès 1987, aux États-Unis, quelques jours après y avoir battu le record des 3 kilomètres et peu avant d'établir le record de l'heure... Elle a été suspendue un mois.

Elle a ensuite commercialisé de la créatine sur son site Internet personnel. En France, ce produit est resté interdit à la vente jusqu'en 2007, alors que sa consommation n'a jamais été prohibée. L'Agence française de sécurité sanitaire des aliments avait par ailleurs délivré un avis négatif sur ce produit en janvier 2001. D'autant qu'à l'époque, le ministère des Sports estimait que 50 à 70 % des lots de créatine saisis en France contenaient des anabolisants.

Jeannie Longo est l'une des athlètes qui nous a le plus mené la vie dure. Notamment quand, à la demande conjointe du CIO, du CNOSF, du ministère de la Jeunesse et des Sports et bien sûr de l'AFLD, il a été décidé de contrôler en amont tous les sportifs qui participeraient aux jeux Olympiques.

Cela avait commencé en 2008 pour les Jeux de Pékin. Il s'agissait alors de se mettre en conformité avec le Code mondial et la volonté du CIO. Pour cela, il nous fallait constituer des groupes cibles, qui incluaient chaque sport olympique. Pour cette première vague, nous avions dépassé les mille sportifs. Tous étaient susceptibles de se qualifier aux J.O. dans leur discipline et avaient été désignés par leur fédération respective. Ils devaient nous indiquer où ils allaient s'entraîner au fil de la saison, se localiser en permanence jusqu'à leur arrivée et pendant leur séjour au village olympique.

Forte de son statut de grande championne française insubmersible, Jeannie Longo avait un certain nombre d'exigences qu'il était impossible de satisfaire. D'autant plus que d'autres légendes du sport français ne demandaient pas à être traitées différemment de leurs camarades. Compte tenu de ses performances, elle considérait qu'elle devait avoir un statut à part.

Le cas Jeannie Longo

Dans un premier temps, Mme Longo n'acceptait pas la contrainte de devoir se localiser, comme le faisaient pourtant sans renâcler les autres athlètes. Jeannie Longo entendait donc s'affranchir de cette règle. Celle qui comptera cinquante-neuf titres de championne de France estimait qu'en vertu de son âge, les contrôles étaient inutiles pour elle. Elle nous conseillait même d'orienter nos ciblages vers d'autres sports, comme le football.

Pour se localiser, elle se contentait de nous citer la liste des compétitions qu'elle envisageait de faire. La liste étant par ailleurs disponible sur le site de la fédération, cela ne nous était d'aucune utilité... Il nous était donc impossible de la tester à l'entraînement.

Elle a d'abord prétexté être hostile aux ondes et prétendait ne posséder ni téléphone portable ni ordinateur. Elle disposait pourtant d'un site Internet personnel... Il a fallu demander à des journalistes ses coordonnées téléphoniques et son adresse mail. On peut comprendre que, pour des raisons de libertés individuelles, certains trouvent choquant de devoir dire à tout moment où ils résident et quand ils se déplacent. Cela dit, tous les sportifs doivent se soumettre au même devoir. Et la localisation constitue le meilleur moyen de mettre la pression sur les tricheurs, de leur faire comprendre qu'ils peuvent être contrôlés à tout moment. C'est une forme de dissuasion.

Dopage : ma guerre contre les tricheurs

Si Mme Longo a un problème avec ce genre de contraintes, rien ne l'oblige à prendre part à des courses. D'autant plus que cette localisation est réservée exclusivement aux sportifs de haut niveau et aux professionnels. L'année des Jeux, ils ont le devoir d'établir un calendrier de tous leurs lieux de résidence, d'entraînement et de compétitions, et de modifier les informations en temps réel quand il y a des changements.

Lors de nos réunions de décision de maintien, ou de sortie, du groupe cible, nous tenions bien sûr compte des sportifs ayant eu des avertissements, ou ayant été coupables de manquements au devoir de localisation. Cela orientait forcément nos décisions.

Pour nous, il n'existait aucun passe-droit, quelle que soit la notoriété de la personne. En fait, plus un sportif nous créait de problèmes, plus nous étions enclins à le maintenir dans le groupe cible. Il en allait de même pour les sports d'équipe : plus les contrôles s'avéraient compliqués, plus nous augmentions le volume des contrôles à l'entraînement ou en compétition.

Et à ce petit jeu, Mme Longo avait décroché le pompon : elle multipliait les interventions, par l'intermédiaire de ses avocats, pour nous demander de la faire sortir du groupe cible.

Imperturbable, le collège de l'AFLD ne cédait pas devant ses atermoiements. Jeannie Longo est allée jusqu'à demander un rendez-vous avec le président de l'agence, pour contester les contrôles mais

Le cas Jeannie Longo

aussi mon pouvoir décisionnaire, pourtant défini par la loi. Quelques années plus tard, elle a même porté plainte contre moi, en nom propre, pour harcèlement. Sa demande a été classée sans suite. Elle portera simultanément plainte, au niveau européen, pour atteinte à la vie privée : cette autre requête, associée à celle de la Fédération nationale des associations et syndicats de sportifs (FNASS) qui regroupe les syndicats des joueurs de football, basket-ball, rugby, handball et des coureurs cyclistes, a également été rejetée.

Les sportifs de haut niveau ont certes des droits, mais ils ont aussi des devoirs. Et la plupart d'entre eux s'y plient sans renâcler. Par exemple, Tony Estanguet et Martin Fourcade m'ont un jour contacté, non pour se plaindre de devoir se localiser (au contraire, ils y étaient tout à fait favorables) mais pour que nous choisissions des préleveurs sanguins plus expérimentés, à cause des hématomes.

Entre 2010 et 2011, Jeannie Longo a manqué par trois fois des contrôles inopinés. Le 10 mai 2010, nous lui avons adressé un premier avertissement pour défaut de localisation. Le 10 octobre 2010, elle a manqué un contrôle, deuxième avertissement en date du 3 novembre. Puis le 22 juin 2011, elle ne s'est pas présentée à son troisième contrôle, ce qui pour tout sportif signifie un contrôle positif. Mais pas pour Mme Longo qui, chaque fois, a demandé une révision à titre gracieux.

Dopage : ma guerre contre les tricheurs

Elle aurait pu être sanctionnée comme l'ont été plus tard le rugbyman Yoann Huget (qui manquera à cause de cela la Coupe du monde 2015) ou Tony Yonka. Mais Jeannie Longo a contesté ces « *no show* », estimant qu'elle ne devait pas être ciblée. Elle a donc été entendue par la commission de discipline de la Fédération française de cyclisme, qui l'a relaxée en novembre 2011 « de toute poursuite disciplinaire », estimant qu'elle n'avait pas enfreint les règles antidopage en matière de localisation ! La commission de discipline de la FFC a considéré que Jeannie Longo ne figurait plus dans le groupe cible et donc n'était pas soumise aux obligations de localisation. De telle sorte que « l'infraction aux dispositions relatives aux obligations de localisation n'était pas constituée (trois manquements sur une période de dix-huit mois) ».

La commission a souligné qu'au-delà du 16 avril 2010, l'AFLD n'avait plus avisé la coureuse qu'elle faisait toujours partie de son groupe cible. Jeannie Longo n'était donc plus tenue de remplir ses formulaires de localisation au-delà du 15 avril 2011. La commission de discipline de la FFC a jugé en conséquence qu'aucune violation des règles antidopage ne saurait être retenue à l'encontre de sa championne. L'AFLD lui a donné raison dans le communiqué qu'elle a publié à la suite de la décision de la FFC. « À la date du troisième manquement relevé à l'encontre de la personne poursuivie, celle-ci avait

Le cas Jeannie Longo

cessé d'appartenir au groupe cible par l'effet d'une limitation à un an d'une telle appartenance.»
La commission de discipline avait raison sur le droit. Mais la question est de savoir pourquoi elle ne figurait pas dans le groupe cible. Pourquoi ne le lui avons-nous pas signalé dans les temps ? Car il est évident que Mme Longo devait faire partie de ce groupe qui rassemble, rappelons-le, les meilleures coureuses françaises. Il suffit d'énumérer ses résultats à cette période pour saisir qu'il était exclu que nous ne souhaitions pas l'intégrer au groupe cible...
Elle a fini troisième de l'épreuve sur route du contre-la-montre lors des championnats de France qui se déroulaient du 24 au 27 juin en Vendée, devançant des cyclistes qui figuraient dans le groupe cible et devaient à ce titre se localiser. Mais pas Mme Longo qui a ensuite pris la troisième place du Grand Prix de Suisse avant de finir cinquième du championnat du monde du contre-la-montre en Australie, en octobre 2010. En juin 2011, date de l'infâme troisième contrôle inopiné, elle est à nouveau championne de France du contre-la-montre et deuxième de l'épreuve sur route des championnats de France qui se disputent à Boulogne-sur-Mer... du 23 au 26 juin ! Soit au moment même où la commission de la FFC considère qu'il est de mauvais aloi de la contrôler sans la prévenir, à une adresse qu'elle nous avait indiquée.
Le plus cocasse, c'est que quelques mois plus tard, en mai 2012, nous avons reçu un courrier du

président de sa fédération, David Lappartient, qui s'étonnait qu'à cette date Mme Jeannie Longo ne soit toujours pas soumise à localisation. Ce qui était inéquitable vis-à-vis de ses camarades de l'équipe de France... Finalement, la gendarmerie viendra mettre un terme à ces atermoiements.

En septembre 2011, *L'Équipe* publiait un entretien avec Joe Papp, un coureur américain pris dans un trafic de produits dopants, qui a ensuite collaboré avec la justice américaine. Au cours de l'interview, Joe Papp reconnaissait avoir vendu de l'EPO à un certain Patrice Ciprelli, qui se trouve être... l'entraîneur mais aussi le mari de Jeannie Longo. Pour le meilleur et pour le pire, comme le veut la formule.

Un procureur se saisit de l'affaire et les gendarmes de l'OCLAESP perquisitionnent le domicile de Patrice Ciprelli et de Jeannie Longo. Nous avons été amusés d'apprendre que les gendarmes avaient trouvé un ordinateur chez la championne qui fuyait les ondes... et les e-mails. Ils ont également trouvé une liste de commandes d'EPO. Ces achats de produits illégaux ont été confirmés par le fournisseur américain de ces substances. Le Code du sport interdit formellement la détention de substances dopantes au domicile des sportifs. Pourtant, seul Patrice Ciprelli sera inquiété.

Aucune procédure administrative n'a été engagée à l'encontre de Jeannie Longo dans cette affaire. Car son époux a assuré que l'EPO servait uniquement pour son usage personnel. Il a expliqué aux

Le cas Jeannie Longo

enquêteurs avoir besoin de cette molécule pour réparer ses muscles lésés, après avoir fait une chute lors d'une sortie à vélo.

Les médecins avec lesquels je travaillais avaient bien ri en entendant cette histoire. L'expert en pharmacologie de nos procédures avait souligné que les quantités commandées pouvaient « peu vraisemblablement » convenir à un usage thérapeutique individuel.

D'ailleurs, la justice ne l'a pas cru non plus : Patrice Ciprelli a été condamné le 4 juillet 2018 par la cour d'appel de Grenoble, qui confirmait la condamnation d'un an de prison avec sursis pour importation de manière frauduleuse de trente-trois flacons d'EPO. Jeannie Longo a dénoncé un complot... et Ciprelli nie les faits qui lui sont reprochés.

L'enquête de gendarmerie a permis de déterminer que Patrice Ciprelli avait fait l'acquisition, entre 2007 et 2011, d'EPO de type Eprex et Recormon. Soit quatre ans pour réparer des muscles endommagés par une chute... Cette EPO avait été livrée à son domicile, ce qui prouvait qu'il l'avait importée mais aussi détenue. Or il habitait bien avec son épouse, sous le même toit. En toute logique, celle-ci, sportive de haut niveau, aurait pu être poursuivie par l'AFLD sur les fondements des articles L 232.9 et L 232.10, qui condamnent la détention de produits interdits. L'absence de sanction administrative à l'encontre de cette sportive m'a toujours interpellé.

14

Des moteurs dans les vélos

La question n'a jamais vraiment donné lieu à un débat en place publique comme pour le dopage. Mais des coureurs auraient très certainement utilisé des moteurs durant les grandes courses cyclistes internationales.

On entendait des rumeurs, ici et là... Des bribes d'informations nous parvenaient sur la présence de moteurs dans les vélos de certains coureurs. L'UCI aurait été pour la première fois prévenue de cette possibilité dès 2009. C'est Chris Boardman, l'ancien recordman du monde de l'heure et champion olympique, par ailleurs directeur de la commission technique britannique, qui aurait attiré son attention sur ce sujet. À l'époque, l'UCI ne voulait déjà pas entendre parler de dopage humain, alors le dopage mécanique...

Au printemps 2010, le peloton a commencé à se poser sérieusement la question. Fabian Cancellara a servi de déclencheur. Le champion suisse venait de gagner coup sur coup le Tour des Flandres et Paris-Roubaix, dans des conditions suspectes. Sur les vidéos qui circulaient, on le voyait toucher son frein juste avant une attaque soudaine, décisive et surtout très impressionnante quant à la puissance de son accélération. Lui a toujours démenti ces allégations et rien de suspect n'a pu être détecté.

Nos informateurs, si fiables quand il s'agissait de dopage biologique, nous assuraient de la réalité d'un dopage mécanique sur les grandes courses. Ils assistaient depuis peu à un ballet de mécaniciens, qui venaient régulièrement changer les roues des vélos, pendant les courses ou juste après. Les roues passaient rapidement de mains en mains et disparaissaient dans les camions. Curieusement, les mécaniciens ne voulaient pas être filmés et s'en prenaient aux cameramen.

Il y a eu aussi ces fameuses images sur le Tour d'Espagne 2014... Après la chute d'un coureur, sa roue a longtemps continué à tourner toute seule, comme impossible à arrêter. Ces éléments ne constituaient pas des preuves mais un faisceau d'indices, autant de détails qui me permettaient de croire à un problème réel.

En juin 2014 j'en ai donc fait état, pour la première fois, en marge d'une réunion interministérielle. Il s'agissait alors de préparer la coordination des services de l'État sur le prochain Tour de France, qui devait s'élancer le 5 juillet de Leeds, en Grande-Bretagne. Cette réunion initiée par le

Des moteurs dans les vélos

ministère des Sports rassemblait, outre les représentants des ministères concernés, ceux des douanes, de la gendarmerie, de la police et de l'AFLD. J'en ai profité pour exposer, en aparté, cette probabilité : la présence de moteurs cachés dans des cadres de vélos.

Mais je me heurtais à un problème : les textes de la loi française caractérisaient uniquement le dopage humain, ils ne prenaient pas en compte le « dopage » mécanique. Légalement, l'AFLD ne pouvait donc se saisir du problème.

Le Tour partait d'Angleterre. Les relations avec la responsable des contrôles à l'UCI, Francesca Rossi, étaient plutôt bonnes. Dès les premières étapes, différents informateurs ont signalé que des moteurs étaient dissimulés dans les vélos. Depuis les premières rumeurs, les technologies avaient progressé et des ingénieurs étaient parvenus à miniaturiser les moteurs, tout en augmentant leur puissance et la durée de vie des batteries.

Il existait, me disait-on, de nouveaux procédés, notamment ces roues propulsées par un système électromagnétique, avec un moteur indétectable. Forcément, cette sophistication avait un prix : on évoquait le chiffre de 200 000 euros par roue. Mais nous n'étions pas habilités à mener des contrôles sur les vélos ! Nous constations, impuissants, un certain nombre d'anomalies mais nous ne pouvions intervenir. La frustration était immense, pas seulement pour nous mais également chez les coureurs.

Dopage : ma guerre contre les tricheurs

Contrairement au dopage biologique, le dopage mécanique ne concernait que de rares coureurs. Mais visiblement ils étaient un peu plus nombreux chaque année et le milieu cycliste commençait à s'en émouvoir. Car cette nouvelle forme de tricherie changeait la hiérarchie dans le peloton. Les anciens n'adhéraient pas à cette pratique : il ne s'agissait plus de « faire le métier » mais de gagner sans souffrir. C'était contraire à l'état d'esprit de ce sport, qui repose sur la notion de courage. Les moteurs, c'était la possibilité de vaincre sans livrer bataille.

Lors de la préparation du Tour 2015, qui devait partir des Pays-Bas, j'ai rencontré de nombreux dirigeants, entraîneurs et compétiteurs qui, plus que les années précédentes, pestaient à ce sujet. Ça revenait en boucle. D'autant qu'au départ de ce Tour, le nombre de moteurs cachés dans les vélos avait selon eux augmenté. J'avais une fois de plus alerté les membres de la CADF, la Fondation antidopage pour le cyclisme créée par l'Union cycliste internationale en 2008. Ses membres avaient eux aussi eu connaissance de ces rumeurs mais ne s'occupaient, comme nous, que des contrôles humains. Ils avaient contacté les responsables de l'UCI, seuls et uniques responsables de ce type de contrôle. Ces derniers avaient alors désigné des contrôleurs en mesure de vérifier la conformité des vélos.

À l'initiative du ministère, quinze jours avant le départ de la Grande Boucle des Pays-Bas, une

Des moteurs dans les vélos

réunion avait eu lieu avec tous les représentants de la lutte contre le dopage au niveau pénal : justice, douanes, gendarmerie (OCLAESP) et police. En marge de cette réunion, j'avais de nouveau évoqué la forte rumeur qui faisait état de la présence de moteurs dans les cadres des vélos de certains compétiteurs. Mes interlocuteurs ont fait des recherches méticuleuses dans tous les textes de la loi française et confirmé qu'aucun texte ne nous permettait d'agir. Pour un traitement légal de cette tricherie, une seule solution était possible : le dépôt d'une plainte pour escroquerie. Hélas, aucun de mes informateurs n'avait accepté de prendre le risque de s'exposer publiquement.

Nous avons quand même mis en place un réseau. Et établi des fiches avec toutes les coordonnées des responsables joignables 24 heures sur 24 et 7 jours sur 7 pendant la durée du Tour de France.

Dans les jours précédant la compétition, j'ai reçu des informations importantes : les noms et les photographies d'individus étrangers qui effectuaient depuis plusieurs années des va-et-vient suspects dans la caravane. Ils approvisionnaient probablement certaines équipes.

Comme les douanes étaient seules en capacité d'intercepter ces personnes lors de leur passage sur le territoire national, j'ai contacté la personne ressource avec qui j'avais déjà travaillé sur d'autres dossiers. Cette dame s'est montrée très intéressée par ces informations et m'a demandé de rédiger un

Dopage : ma guerre contre les tricheurs

article 40, qu'elle adresserait à un magistrat compétent. Rappelons qu'il s'agit d'une obligation faite à tout fonctionnaire témoin d'un délit de saisir la justice. Ce que j'ai fait.

Je rentrais en train d'Utrecht, d'où le Tour de France avait démarré, quand j'ai reçu un SMS incendiaire de la part d'un enquêteur de l'OCLAESP. Il me reprochait d'avoir sollicité en priorité les douanes. J'ai mis ça sur le compte de la guerre habituelle entre services et j'ai regagné comme à mon habitude mon lieu de « villégiature » dans les Pyrénées-Orientales.

Quelques jours plus tard, j'étais harcelé par toutes les autorités, procureur, gendarmes, président de l'agence, secrétaire général... Tous voulaient connaître l'origine de ma source. Bien évidemment, je ne voulais la donner à personne. Sinon mes interlocuteurs ne me feraient plus jamais confiance. Mais l'institution n'entendait pas en rester là, surtout l'OCLAESP, avec laquelle je collaborais pourtant depuis toujours. Ils ont poussé le bouchon jusqu'à me faire auditionner. J'ai été convoqué à la gendarmerie de Perpignan pour être entendu, en visioconférence, par les gendarmes avec lesquels j'avais déjeuné quinze jours auparavant !

Entre-temps, les services douaniers avaient été dessaisis de l'affaire au profit de l'OCLAESP.

À mon arrivée, deux gendarmes, un homme et une femme, m'attendaient. J'ai dû, comme un malfrat, décliner mon identité aux personnes avec qui je

Des moteurs dans les vélos

travaillais et que je tutoyais toute l'année dans des réunions... Furieux contre moi, ils voulaient évidemment connaître ma source. Je leur ai expliqué qu'il était plus logique pour moi de donner cette information aux douanes, plus à même d'intercepter ces individus. Sinon, ces deux services pouvaient coopérer, cela me paraissait plus intelligent que de convoquer à la gendarmerie le directeur de contrôles de l'AFLD. J'étais révolté par cette situation. J'ai refusé de dénoncer ma source et je suis remonté dans ma montagne pour continuer mon travail sur le Tour de France avec l'UCI et... l'OCLAESP.

J'ai été meurtri par cet épisode, qui a provoqué une forme de découragement. Car pendant que les gendarmes m'auditionnaient, les moteurs continuaient peut-être de tourner sur le Tour de France.

Sous les pressions de toutes parts, de plus en plus grandes, l'Union cycliste internationale a finalement chargé ses commissaires d'organiser un contrôle inopiné des vélos sur ce Tour. Mais ils se sont contentés de peser les vélos ! Ils refusaient de contrôler les roues, prétextant que cela prenait trop de temps... Ils n'ont donc jamais trouvé le moindre moteur sur le Tour de France. En fait, ils n'ont mis guère plus de dynamisme à lutter contre le dopage mécanique que pour éradiquer le dopage biologique.

Il a fallu attendre le 30 janvier 2016 pour qu'un premier coureur se fasse prendre pour fraude technologique. En l'occurrence il s'agissait d'une cycliste,

Dopage : ma guerre contre les tricheurs

la championne belge de cyclo-cross Femke Van den Driessche. Celle-ci avait utilisé un vélo muni d'un moteur lors des championnats du monde de cyclo-cross des moins de 23 ans, qui se déroulaient dans son pays. L'UCI a découvert la supercherie et Femke Van den Driessche a été suspendue six ans. Ont seulement été inquiétés cette jeune cycliste belge, quelques amateurs ensuite, mais aucun coureur du Tour de France. Cette passivité de l'UCI à l'époque participera plus tard à la défaite de son président en place, Brian Cookson, lors des élections de l'Union cycliste internationale.

En 2016, quelque temps après les Mondiaux de cyclo-cross, un reportage de France Télévisions et du journal italien *Corriere della Sera* a démontré, grâce à l'utilisation de caméras thermiques lors de l'épreuve des Strade Bianche, qu'il y avait probablement des moteurs dans certains vélos des professionnels. Ce reportage a fait scandale. Cookson a alors assuré qu'il allait mettre en œuvre des moyens efficaces pour lutter contre cette tricherie. Les élections à la présidence de l'UCI se profilaient et le sujet était devenu très sensible dans le milieu cycliste. Ainsi, sur le Tour 2017, l'UCI a assuré avoir conduit pas moins de 4 000 tests. Le problème n'était pourtant pas le nombre de tests... mais la nature de ces tests.

Une enquête à laquelle nous n'étions pas totalement étrangers, menée par la chaîne de télévision allemande ARD, France 2 et *Corriere della Sera*, a

Des moteurs dans les vélos

démontré que les tablettes de détection utilisées par l'UCI n'étaient pas toujours fiables et surtout que leur maniement par un personnel non formé était complètement inefficace.

Quelques jours après ces révélations, en septembre 2017, le Français David Lappartient est élu à la présidence de l'UCI. Il a fait de la lutte contre le dopage mécanique l'une de ses priorités, et va engager de vrais moyens contre ce nouveau dopage, avec notamment une unité mobile équipée d'une machine à rayons X, créée par une société spécialisée. Par ailleurs, il nomme Jean-Christophe Péraud responsable des contrôles de conformité des vélos. Celui-ci fut deuxième du Tour en 2014. Il est surtout diplômé d'un IUT en génie chimique et titulaire d'une maîtrise en génie des procédés. Péraud est donc la bonne personne pour lutter contre ce problème.

Cette nouvelle volonté politique de l'UCI va changer la donne. Même si des informations feutrées font encore état d'utilisation de vélos électriques, il semble que cela n'a plus rien à voir avec naguère. Mais à la différence du dopage, d'un produit comme l'EPO par exemple qui a changé le cours du cyclisme, le dopage mécanique gardera sa part de mystère, puisque l'on n'a jamais réussi à prendre des tricheurs en flagrant délit sur une grande compétition.

15

Les amateurs :
la partie immergée de l'iceberg

Les directives de l'AMA sont claires : la lutte antidopage doit se concentrer sur le sport de haut niveau. Ainsi, en 2010, nous avons procédé en France à 10 511 contrôles, et parmi eux, 85 % concernaient les sportifs de haut niveau. Pourtant le haut niveau ne représente que la partie émergée de l'iceberg car le dopage touche largement le monde amateur. Publiée par la revue *Toxibase*, une étude de 2003, menée par l'Observatoire français des drogues et des toxicomanies, relevait qu'entre 5 et 15 % des sportifs amateurs se dopaient. Si l'on rapporte ces chiffres aux 17 millions de licenciés, cela représente en moyenne 1,7 million de sportifs dopés. Un fléau de masse, donc, qui touche également le milieu scolaire. Un rapport de l'Académie nationale de médecine, rédigé en juin 2012 (par le conseiller scientifique de l'agence, Michel Rieu, et Patrice Queneau,

Dopage : ma guerre contre les tricheurs

représentant de l'Académie au collège de l'AFLD), souligne que « diverses enquêtes montrent que 4 % des sportifs en milieu scolaire ont connu la tentation du dopage, les fournisseurs potentiels pouvant être les parents eux-mêmes, les médecins ou les entraîneurs. En effet, pour 21 % de ces écoliers, refuser le dopage c'est perdre ses chances de devenir un grand champion ». Le dopage est donc aussi, et peut-être surtout, un problème de santé publique. D'autant plus que la parité hommes-femmes (par ailleurs parfaitement légitime) provoque une sensible augmentation du dopage chez les athlètes féminines...

L'AFLD concentre son travail sur le sport de haut niveau car, comme l'expliquent Rieu et Queneau, « la lutte contre le dopage dans le sport de haut niveau et notamment dans le sport spectacle est d'autant plus prioritaire que le champion, célébré par la presse sportive, est l'objet de toutes les attentions de la part des pouvoirs politiques. Le sportif de haut niveau fait figure de modèle pour le jeune pratiquant, pour qui il représente la quintessence de la réussite sociale et financière ». C'est la raison première.

Ensuite, étant donné qu'il y a des millions de pratiquants, nous n'avons pas les moyens humains, ni financiers, pour contrôler tout le monde. Pourtant, les conséquences sanitaires du dopage en milieu amateur sont en termes de santé publique plus dommageables que celles du dopage à haut

Les amateurs : la partie immergée de l'iceberg

niveau, car les champions sont encadrés médicalement. En revanche, les tricheurs amateurs utilisent bien souvent des produits lourds et d'une manière incontrôlée. Nous avons eu l'occasion d'en mesurer l'ampleur lors de perquisitions. Et ils le font d'autant plus facilement qu'ils se savent sans surveillance.

Il y a plusieurs niveaux de dopés amateurs, comme les jeunes qui rêvent d'intégrer, par exemple, un centre de formation. C'est pourquoi, à la demande des fédérations de tennis et de rugby, nous nous concentrons particulièrement sur cette population dans ces disciplines.

Il y a aussi M. Tout-le-monde, qui veut épater ses copains lors de leur sortie du dimanche matin. Ensuite, il y a le sportif qui se dit amateur mais ne l'est pas tant que ça quand il se situe à la marge. Le sport constitue en fait son activité principale, il en vit, mais n'atteint pas l'excellence pour intégrer les listes des sportifs de haut niveau.

En cyclisme par exemple, au niveau Élite régionale, les gains pour une victoire se situent dans une fourchette de 200 à 1 500 euros suivant le niveau de l'épreuve. Certains clubs ajoutent à ce gain une prime deux fois supérieure. Ils dédommagent en outre leurs meilleurs coureurs : entre 500 et 1 000 euros par mois suivant la notoriété du sportif. Quant aux grands clubs amateurs, ils peuvent rétribuer jusqu'à 2500, voire 3 000 euros par mois... À ce tarif, ce n'est plus vraiment de l'amateurisme.

Dopage : ma guerre contre les tricheurs

D'ailleurs, ces gains concernent en général des pros redescendus d'un échelon.

Et pourtant, les amateurs sont considérés comme tels par l'institution. En conséquence, ils ne sont pas contrôlés en dehors des courses comme tous les sportifs de haut niveau peuvent l'être.

Nous avions interpellé nos juristes sur ce sujet, ainsi que ceux du ministère, en vain. Rien ne pouvait légalement nous permettre d'intégrer dans notre groupe cible ces sportifs à la marge, même s'ils vivent de leur sport. Or ces sportifs maîtrisent parfaitement la législation, ils peuvent se doper en toute quiétude et ne seront pas inquiétés au petit matin par un contrôle inopiné.

Ils se «préparent» donc en conséquence, prennent les produits en temps et en heure, tenant compte des délais d'élimination des produits dans l'organisme. Ils se présentent en compétition avec l'assurance que leurs urines et leur sang ne comportent plus de traces de produits dopant.

C'est assez courant en athlétisme, notamment dans les épreuves sur route qui pullulent dans toute la France. La plupart de nos 36 000 communes organisent leurs 10 kilomètres, un cross ou un semi-marathon... Avec les quelques primes qui vont avec. Les gains varient entre 300 et 600 euros pour des épreuves de village mais cela peut atteindre 1 500 euros pour une course importante.

Si l'on continue à monter dans la pyramide du sport français, une frange de sportifs amateurs

Les amateurs : la partie immergée de l'iceberg

évolue au plus haut niveau sans que cela soit pris en compte par leur fédération nationale. Celles-ci sont en effet tenues de respecter des quotas limités, imposés par le ministère... Enfin, les fédérations internationales ne peuvent intégrer administrativement et financièrement dans leurs groupes cibles respectifs tous les sportifs qui ont le niveau pour y figurer. Cela ferait beaucoup trop de monde à contrôler.

De sorte que ces sportifs en marge peuvent évoluer en toute tranquillité dans des courses de niveau national et international, avec à la clef des gains pour leur participation et leurs performances, offerts par les organisateurs et parfois leur propre fédération... Ce qui leur assure un train de vie respectable, tout en bénéficiant d'un confortable statut d'amateur, sans risque de contrôles inopinés.

Autant dire que c'est dans cette population qu'on trouve le plus de sportifs dopés. C'est notamment le cas de nombreux athlètes, de tout pays, qui écument les marathons. Des managers ont bien compris les failles lucratives du système. Ils prennent en charge un groupe de ces sportifs, en général six ou sept, qu'ils logent dans des conditions sommaires et transportent en minibus de course en course le week-end. Ils prennent leur pourcentage et renvoient ensuite ces coureurs dans leur pays pour se « recharger ». Ceux-ci peuvent ainsi recommencer une période d'entraînement et de dopage. Gonflés à bloc, ils reviennent ensuite avec un visa touristique

Dopage : ma guerre contre les tricheurs

pour une nouvelle série de courses. Ces athlètes amateurs, hommes et femmes, sont essentiellement originaires du Kenya, d'Éthiopie et des pays de l'Est.

C'est ainsi que nous avons confondu l'Ukrainienne Kateryna Karmanenko. Cette marathonienne de bon niveau (2 h 29 m) avait été contrôlée à l'aéroport de Roissy le 10 novembre 2010 en possession de produits dopants. Nous avions parallèlement obtenu une copie de son agenda personnel, dans lequel elle notait systématiquement tout ce qui concernait son dopage.

Elle rentrait environ tous les deux mois en Ukraine, où elle était suivie médicalement. Dans son carnet, elle consignait soigneusement ses protocoles de dopage ainsi que ses sensations physiques et ses états d'âme. Elle se faisait presque chaque jour des injections de produits divers et variés. Ils provoquaient dans un premier temps de grandes fatigues assorties de périodes de déprime pendant lesquelles elle pleurait toute la journée.

Elle restait une dizaine de jours chez elle, le temps de faire des bilans complets auprès des médecins, qui lui rédigeaient également ses protocoles de dopage. Ensuite, elle recommençait une cure adaptée en fonction de ses analyses, puis revenait en France. Là, elle reprenait la litanie des courses locales, des 10 kilomètres, des semi-marathons, des marathons qui pouvaient lui rapporter 2 000 euros par week-end. C'était donc extrêmement lucratif.

Les amateurs : la partie immergée de l'iceberg

Mais ce rythme infernal l'éprouvait physiquement et mentalement, comme le prouve la lecture de son carnet. Cette jeune femme souffrait d'une dépression liée à cette vie éreintante.

Kateryna Karmanenko était hébergée en Normandie chez une ex-sportive de haut niveau. En plus de logeuse, celle-ci faisait office d'agent mais n'était pas déclarée. Elle négociait avec les organisateurs la participation de ses athlètes et s'occupait de leur logistique en France. Cette dame prenait ainsi les billets de train, récupérait les gains en chèques et rétrocédait l'argent, en prenant une commission qui bien entendu n'était pas déclarée. Mais son travail ne s'arrêtait pas là...

Lors de la perquisition effectuée chez elle le 21 octobre 2014, le service national de douane judiciaire a saisi du matériel de perfusion et un volume important de produits dopants en tous genres portant des inscriptions en cyrillique.

Les produits étant stockés à son domicile ; elle était complice non seulement d'importation de produits dopants sans autorisation de mise sur le marché, mais également facilitatrice d'utilisation de substances interdites... Elle encourait une peine de cinq ans d'emprisonnement et 75 000 euros d'amende[1].

---

1. Le 29 mai 2017, la cour d'appel de Rouen a condamné Kateryna Karmanenko à quatre mois de prison avec sursis.

Dopage : ma guerre contre les tricheurs

Grâce au correspondant interrégional antidopage (CIRAD), Jean-Christophe Boulanger, des investigations ont pu avoir lieu avec l'appui de Nicolas H. et Christophe C., de la commission locale de lutte contre les trafics de produits dopants, pilotée pour cette occasion par le service des douanes de la région (SNDJ). Encore une preuve de l'efficacité de ces agents, Nicolas et Christophe en l'occurrence. Une fois de plus, le travail collectif entre tous les services de l'État avait prouvé son efficacité, comme chaque fois que l'ensemble des intervenants ont intelligemment accepté de collaborer.

Les treize CIRAD qui avaient été recrutés étaient en majorité d'ex-correspondants régionaux dont l'efficacité, l'intégrité et la pugnacité étaient reconnues. Ils avaient été nommés par un jury composé d'agents du ministère, de membres de l'OCLAESP et de l'AFLD. La constitution de ce corps d'incorruptibles, ces CIRAD, avait obtenu l'aval de la commission sénatoriale, qui comprenait l'importance de ce maillage territorial au contact du terrain. Une vraie machine de guerre qui n'allait pas tarder à démontrer son efficacité. Malheureusement, plus tard, l'Agence mondiale antidopage ne verra pas les choses de cette façon, ce qui conduira au démantèlement de ce dispositif pourtant si efficace...

La connaissance de l'angle mort juridique qui bénéficie aux « amateurs » s'avère également très répandue dans le cyclisme, avec des coureurs qui

Les amateurs : la partie immergée de l'iceberg

se situent juste en dessous de la ligne de flottaison des contrôles. Ils ne sont pas inscrits sur les listes de sportifs de haut niveau mais, cyclistes à plein-temps, ils profitent de la rareté des contrôles dans des courses de seconde zone – mais rémunératrices – et surtout de l'absence totale de contrôles inopinés.

Nous avons néanmoins tenté d'impacter cet univers par quelques actions coup de poing. Ces opérations nécessitent beaucoup de travail et de moyens. Mais il s'agit avant tout d'envoyer un signal fort au milieu pour signifier que les tricheurs restent dans le viseur et risquent gros.

Au début de l'année 2011, les services des douanes, encore eux, nous informent que des cyclistes du club de Montauban ont transporté des produits dopants dans leur véhicule. Nous alertons aussitôt nos correspondants régionaux pour qu'ils surveillent et ciblent les coureurs de cette équipe.

C'est ainsi qu'un ancien professionnel est contrôlé positif à l'EPO le 10 août 2011, au Trophée des châteaux aux Milandes. Nous continuons ensuite à pister les autres coureurs « amateurs » de cette équipe, qui visiblement se dopaient collectivement. Tout le département des contrôles et tous nos réseaux d'informateurs sont en alerte pour essayer de dénicher une information sur leur prochaine participation aux compétitions.

La première occasion se présente le 19 juillet au Tour de la Creuse. Le coureur Nicolas Morel est

Dopage : ma guerre contre les tricheurs

ainsi prélevé à l'issue d'une étape à Guéret. Les résultats des analyses sont conformes aux informations qui nous avaient été transmises, avec la présence d'EPO dans ses échantillons. La traque des autres membres se poursuivra toute la saison...
« On ne devrait jamais quitter Montauban », comme disait Lino Ventura dans *Les Tontons flingueurs*...

Cette même année, à la fin du mois de novembre, les enquêteurs de l'OCLAESP ont procédé à un vaste coup de filet dans le club BigMat-Auber 93. Il s'agissait auparavant d'un club amateur mais la fédération l'avait aidé à accéder au niveau professionnel. L'équipe gardait toutefois un ancrage amateur. Et son médecin était suspecté d'avoir fourni des substances interdites à certains coureurs.

Cette opération faisait suite à un contrôle positif de Jean-Philippe Tellier, qui avait obtenu de nombreux titres aux championnats de France et au championnat du monde VTT... vétéran. Il s'était fait prendre à l'occasion d'une course nocturne qui se déroulait dans le centre-ville d'Aubervilliers. Une épreuve populaire, familiale. Pourtant, nous avions reçu une information selon laquelle plusieurs participants faisaient usage de produits dopants. Il nous fallait la jouer fine car les « papys » dopés étaient bien organisés.

Un préleveur devait se présenter aux organisateurs juste avant le départ de la compétition pendant qu'un commando se positionnait sur le circuit, avec pour mission de notifier des coureurs afin d'éviter

Les amateurs : la partie immergée de l'iceberg

de subits « abandons » dès que la présence d'un contrôle antidopage circulerait. Comme cela se passe chaque fois… Plusieurs coureurs furent donc contrôlés, et parmi eux Jean-Christophe Tellier, dont les urines présenteront des traces d'EPO. Le coureur a fini par révéler le nom de son fournisseur. Il s'agissait bien du médecin du club, qui avouera en garde à vue avoir fourni des substances illicites à trois coureurs, pour une somme d'environ 16 000 euros. Afin, expliquera-t-il, d'améliorer son ordinaire. Il a aussi reconnu avoir fourni à l'un des coureurs huit seringues d'EPO pour un montant de 3 500 à 4 000 euros, ainsi que de l'hormone de croissance. Ce médecin avait cessé son activité auprès de l'équipe à la fin de l'année 2010. Il a été condamné par le tribunal de Créteil à une peine de trois mois de prison avec sursis et une amende de 8 000 euros, ainsi qu'une interdiction d'exercer la médecine pendant trois ans. Le coureur, lui, a été condamné à six mois de prison avec sursis. Pour nous, ces condamnations étaient importantes : l'information circulerait dans le milieu et pourrait dissuader certains de poursuivre leur petit trafic.

Toutes les régions et tous les niveaux étaient concernés. À la même époque, les policiers d'Angoulême enquêtaient sur une affaire de fausses ordonnances. Une pharmacie locale avait repéré un sportif qui tentait d'obtenir illégalement des produits dopants. Or nous connaissions ce sportif. Son

Dopage : ma guerre contre les tricheurs

nom revenait souvent dans les informations qui remontaient à nous.

Je me suis rendu à Angoulême pour voir comment collaborer avec les policiers. Et nous avons alerté tous nos informateurs sur le terrain. L'objectif était de contrôler le sportif au bon moment pour réussir le coup avec un seul prélèvement, en évitant qu'il se méfie. Il fallait effectuer un ciblage précis en fonction de la prise du produit supposé et de sa cinétique d'élimination... Au fond, la lutte antidopage est une science.

Les investigations nous ont permis de connaître la prochaine compétition à laquelle l'intéressé participerait : il s'agissait de l'épreuve Cholet-Pays-de-Loire. Il fallait au préalable savoir si cette épreuve relevait bien de notre compétence. Une de mes collaboratrices a vérifié sur le site de l'UCI si c'était une compétition internationale, auquel cas nous ne pouvions opérer.

Nous avons décidé de contrôler toute l'équipe à son hôtel, la veille de l'épreuve. Comme dans une affaire de drogue, la cible prioritaire était noyée dans le groupe pour ne pas l'alerter en cas de résultat d'analyse négative. Le laboratoire devait effectuer une recherche d'EPO dans la globalité des échantillons prélevés.

J'ai alors reçu un appel des policiers. Ils m'informaient que notre contrôle n'était pas légal : cette épreuve faisait bien partie des compétitions internationales pour lesquelles nous n'avions pas de

Les amateurs : la partie immergée de l'iceberg

compétence. En fait, pour s'apercevoir que cette épreuve figurait au calendrier international, il fallait effectuer une manipulation spéciale sur le site de l'UCI. Un problème qui a été corrigé depuis.

J'ai contacté immédiatement le président Bordry, qui a organisé une réunion de crise le lendemain matin. Nous avions bien commis une erreur sur la forme, même si le coureur était probablement positif. Mais pour le savoir, il fallait procéder au contrôle. Or formellement nous n'en avions pas le droit. Pierre Bordry n'entendait pas se défausser sur ses subalternes qui avaient commis l'erreur, ce n'était pas le genre de ce responsable. Et il ne voulait pas non plus lâcher la partie, ce n'était pas dans ses habitudes.

Il allait au contraire chercher à trouver une solution afin que notre travail aboutisse et que le tricheur soit puni. Heureusement, au sein du collège de l'agence nous avions de sacrés juristes, notamment un ancien avocat général à la Cour de cassation, Laurent Davenas. Lors de la réunion, il m'a conforté dans ce que nous avions accompli : « Vous avez mis en place le contrôle de toute bonne foi donc nous devons procéder à l'analyse. » Le collège dans son ensemble a décidé de me faire confiance et de procéder à l'analyse des échantillons ! Je souhaite à tous les fonctionnaires de disposer de supérieurs comme ceux-ci, des personnes de conviction, courageuses, pour qui la finalité compte davantage que la forme. Et qui font corps avec leur équipe.

Dopage : ma guerre contre les tricheurs

L'agence a donc décidé d'assumer notre erreur et surtout de la mettre en perspective. Comme sur un terrain de football ou de rugby quand un joueur effectue un mauvais choix : si toute l'équipe réagit ensemble, elle peut rattraper cette erreur et reconstruire à partir d'elle. C'est ce que le président Bordry a fait. Pourtant la décision ne fut pas simple à prendre. Car même s'il s'agissait d'un coureur inconnu, Pierre Bordry a subi des pressions. En effet, le cycliste en question appartenait à une équipe dont le manager n'était autre que l'ancien manager de Bernard Hinault et Laurent Fignon.

Le président de la Fédération française de cyclisme et celui de l'UCI vont se fendre d'un courrier pour dénoncer l'irrégularité du contrôle. David Lappartient a déclaré à *L'Équipe* qu'il était « stupéfait par l'amateurisme de l'AFLD, qui agit en toute illégalité ». Nous étions illégaux mais pas le coureur suspecté de dopage… Voilà bien le genre de pressions qui renforçaient les convictions de Bordry.

Il se trouve qu'à ce moment, nous devions participer à un séminaire de l'Agence mondiale antidopage, à Lausanne. Nous en avons profité pour demander aux juristes de l'AMA de vérifier si nous étions vraiment hors la loi lorsque nous avions procédé à ce contrôle. Le cycliste que nous avions dans le viseur ayant tout de même terminé troisième des Boucles de l'Aulne et pareillement à la course Nantes-Segré. Il fallait engager une bataille

Les amateurs : la partie immergée de l'iceberg

d'experts pour savoir si le laboratoire de Châtenay-Malabry pouvait procéder à l'examen de ses urines. Finalement, un soir en fin de colloque, alors que nous dînions dans le même restaurant, les juristes de l'AMA sont venus nous saluer et ont confirmé la validité de notre procédure. Certes, la compétition figurait bien au calendrier de l'UCI, mais cette épreuve avait été organisée par la fédération française et non par l'UCI, car aucun représentant de l'UCI n'était présent sur le terrain. Dès lors, cette épreuve perdait son caractère international et l'agence française antidopage était tout à fait en mesure de procéder à un contrôle sur les concurrents.

Je n'avais jamais imaginé qu'un jour un raisonnement juridique me procurerait autant de satisfaction. Nous sommes rentrés de Lausanne le cœur léger. Ne restait plus qu'à attendre le résultat des analyses. Autant dire que nous guettions avec une certaine fébrilité le coup de fil du laboratoire. Et puis le téléphone a sonné. Le résultat était positif. Le personnel de Châtenay, comme à son habitude, nous a donné le numéro correspondant à l'échantillon positif. Nous nous sommes précipités pour le croiser avec les noms des coureurs contrôlés. Le numéro correspondait bel et bien. Il s'agissait en l'occurrence d'EPO recombinante de type NESP. Le soulagement fut immense.

Nous avons gardé notre satisfaction pour nous et maintenu l'information confidentielle car il fallait

Dopage : ma guerre contre les tricheurs

un peu de temps pour organiser, avec les forces de police et la complicité contrainte de la Fédération française de cyclisme, une stratégie de notification des résultats opérationnelle avec tous les acteurs de cette enquête.

Un huissier de justice a été mandaté par la FFC, bien obligée d'avaler son chapeau. Elle l'a fait avec fair-play. L'huissier a sonné au domicile du sportif pour lui signifier son contrôle positif. Les forces de l'ordre ont effectué une perquisition dans la foulée. Un médecin préleveur avait aussi été mandaté par l'agence pour effectuer les prélèvements biologiques.

Et là, bingo ! Lors de la perquisition, la police a trouvé de l'Eprex, de l'Aranesp et de l'hormone de croissance. C'était du lourd, un trafic en famille de fausses ordonnances... Le cycliste a été déféré pour usage de faux, escroquerie, vol d'ordonnances vierges et cession de produits dopants. Son frère et son père ont également été mis en examen. Tous les acteurs ont rapidement avoué les faits.

Le 9 avril 2013, le tribunal d'Angoulême a condamné ce fraudeur à neuf mois de prison avec sursis. Son frère aîné, lui aussi coureur cycliste et pareillement impliqué dans cette affaire, a été condamné à six mois de prison avec sursis. Enfin, leur père, qui tenait le calendrier des prises de produits dopants de ses fils et procédait lui-même aux injections, a également été condamné à six mois de prison avec sursis.

Les amateurs : la partie immergée de l'iceberg

Nous avons ensuite effectué d'autres opérations similaires afin de confondre ce genre de coureurs un peu plus que « du dimanche ». Leur tort est de fausser complètement les nombreuses épreuves cyclistes qui fleurissent chaque week-end dans toute la France. Des courses animées par des bénévoles qui se dévouent corps et âme pour ce sport magnifique.

C'est ainsi que seront contrôlés positifs à l'EPO un champion de France de VTT cross-country, au cyclo-cross d'Eymouthiers, ou ce cycliste multirécidiviste qui écumait les courses aux Antilles et avait déjà été attrapé en 2011 et en 2015. Deux fois aux Antilles et les deux fois à l'EPO : il nous a coûté cher...

Mais l'histoire qui illustre peut-être le mieux l'importance de la triche chez les prétendus amateurs est celle de cet ouvrier plâtrier, honnête cycliste régional qui, à 43 ans, impressionnait par « sa faculté à monter les côtes », comme l'avait écrit la presse régionale. Et pour cause. C'est l'ancien cycliste professionnel Christophe Bassons qui a découvert la supercherie. C'était un coureur extrêmement talentueux et il avait une éthique personnelle tout aussi remarquable. Mais à l'époque où il exerçait le cyclisme professionnel, c'était incompatible. Car Bassons appartenait au peloton durant l'hégémonie de Lance Armstrong, qui régnait sur le Tour comme Al Capone sur Chicago. Bassons a fait preuve d'un immense courage à l'époque pour

Dopage : ma guerre contre les tricheurs

dénoncer les pratiques dopantes. Mais l'omerta régnait encore. Lors du Tour 1999, il tenait une chronique dans *Le Parisien* durant la course et n'hésitait pas à dire qu'il était impossible de gagner le Tour sans se doper. Il a été ostracisé par le peloton mais aussi par sa propre équipe. Lors de la neuvième étape, Armstrong s'est imposé à Sestrières au terme d'une journée très dure.

Le lendemain, le peloton a décrété qu'il allait rouler tranquille durant une centaine de kilomètres, après quoi l'explication pourra avoir lieu sur les célèbres lacets de la montée vers l'Alpe-d'Huez. Bassons n'a pas été prévenu. Il l'a appris par hasard de la bouche d'un mécanicien. Par provocation, il a décidé d'attaquer dès le début de course. Armstrong a lancé son équipe à sa poursuite, bientôt suivi par les autres formations, y compris celle de Bassons... Une fois arrivé à sa hauteur, Armstrong lui a lancé qu'il n'avait pas sa place dans le vélo. Sous la pression Christophe Bassons a préféré quitter le Tour. Le Texan a alors déclaré : « S'il pense que le cyclisme fonctionne comme cela, il se trompe et c'est mieux qu'il rentre chez lui. » Écœuré, Bassons a abandonné le métier en 2001.

Il était naturel qu'il rejoigne un jour la lutte antidopage. Il est devenu correspondant pour l'agence en Aquitaine, puis conseiller interrégional, ces fameux CIRAD. Il fut même le fer de lance du dispositif que nous avions mis en place afin d'accentuer l'efficacité de la lutte sur le territoire. Il a ainsi

Les amateurs : la partie immergée de l'iceberg

participé activement à la création d'un groupe sur Internet. Celui-ci réunissait tous les CIRAD pour leur permettre d'échanger d'une manière sécurisée l'ensemble des informations en temps réel. Malheureusement, la fonction des CIRAD sera démantelée plus tard, suite à la réorganisation de l'AFLD. Notamment sous la pression de l'AMA, qui considérait que ce n'est pas à des agents de l'État de désigner les sportifs à contrôler. L'AMA souhaitait aussi que les agences nationales se concentrent sur le haut niveau, ce qui était également recommandé par la Cour des comptes. L'AFLD va donc désormais orienter 70 % de ses contrôles sur le haut niveau. Or les CIRAD, et Bassons en particulier, s'occupaient beaucoup de prévention. Cette mission est essentielle car, on l'a vu, le dopage menace surtout les jeunes et les amateurs... Cette réorganisation de la lutte antidopage amènera la plupart des CIRAD à quitter l'AFLD.

C'est pourtant grâce à cette fonction que Christophe Bassons a réussi à révéler l'incroyable histoire de ce coureur amateur qui écumait avec succès les courses de la région, malgré ses 43 ans. Un plâtrier qui avait réalisé un bel été 2017, licencié au SA Mussidan, et qui avait fini deuxième de la course de Créon-d'Armagnac. Puis il avait remporté les fêtes de Baigts-de-Béarn, avec notamment le record du morceau de bravoure de cette épreuve, une côte assez prononcée. Disons que le vétéran savait s'entretenir. Peu de temps après, il remettait

Dopage : ma guerre contre les tricheurs

ça dans la course de Roumagne, où la prime au vainqueur était de 454 euros. Enfin, au Grand Prix des Eyzies, il terminait seulement onzième mais en prenant le meilleur sur des coureurs qui évoluaient deux divisions au-dessus de lui.

Forcément, ce genre de prestation ne passe pas inaperçue dans le milieu cycliste local. Ça jase. Le doute sur ce coureur providentiel revient aux oreilles de Bassons, qui va donc se pencher sur les courses du plâtrier. Il se procure des photos des différentes épreuves, en inspecte chaque détail, et constate que le vélo du vétéran n'est pas à sa taille. Ensuite, il remarque que sur toutes les courses son bidon d'eau est toujours positionné de la même façon. Sa conclusion est simple : le vainqueur des fêtes de Baigts-de-Béarn utilise un moteur.

Bassons décide d'intervenir sur sa prochaine course, en l'occurrence le Grand Prix de Saint-Michel-de-Double prévu le 1er octobre 2017. C'est une épreuve de troisième catégorie, le plus bas niveau des compétitions organisées en France. La course compte treize concurrents au départ. Bassons a au préalable saisi le procureur de la République de Périgueux. Des gendarmes l'accompagnent ce dimanche dans le paisible village de Dordogne. Les habitants sont tous sortis de chez eux pour regarder la course. Aussi Bassons et les gendarmes ont-ils interpellé l'individu à l'abri des regards. Un mécanicien trouvera bel et bien une batterie cachée dans le bidon et un moteur dissimulé dans le tube de selle...

Les amateurs : la partie immergée de l'iceberg

Le dispositif avait coûté 2 700 euros à l'ouvrier plâtrier. Le site Streetpress a interrogé le président du Comité Dordogne Cyclisme, Gérard Blondel, qui a raconté comment la suspicion est née : « Aux Eyzies, il y avait des coureurs qui visaient le professionnalisme. Et ça monte, ça n'a pas dû arranger l'affaire... À 43 ans, on ne peut pas faire la pige à des jeunes qui s'entraînent chaque jour. »

Finalement, c'est un jeune espoir local, Thomas Acosta, qui a gagné la course. C'était un ami proche du plâtrier. Il avait remarqué que son camarade utilisait son vélo haut de gamme à l'entraînement et un vélo sans marque pendant la course. Et que depuis, « il s'était mis à gagner des courses de façon soudaine... », avait-il raconté au journal *Sud-Ouest*. « Ton pote, il a un moteur, je l'entends », avait lancé un concurrent à Acosta, lors du Grand Prix des Eyzies le dimanche précédent. « Je sais que ça a jasé pendant la course, poursuit le jeune homme dans *Le Parisien*. Moi-même, après la course, je lui ai demandé, il m'a répondu : "Mais non, laisse dire." Je n'ai pas voulu y croire, c'était tellement absurde... c'est mon ami. On est voisins. Il a triché et c'est dégueulasse. D'ailleurs, je crois qu'il le sait très bien. Mais ça reste un humain, s'il est en détresse, j'essaierai quand même de jouer mon rôle d'ami, même si je vais sans doute laisser passer un peu de temps. »

Le plâtrier a été entendu en comparution sur reconnaissance préalable de culpabilité pour

Dopage : ma guerre contre les tricheurs

escroquerie et tentative d'escroquerie et donc reconnu coupable. Il a été condamné en mars 2018 à 60 heures de travaux d'intérêt général et à verser 88 euros d'indemnités à l'organisateur de la course de Saint-Michel-de-Double et un euro symbolique de dommages et intérêts à la Fédération française de cyclisme. Celle-ci avait au préalable suspendu le coureur de compétition pour cinq ans.

Le plus incroyable, peut-être, c'est qu'à ce jour, il s'agit du seul cycliste à avoir été convaincu de dopage mécanique sur le sol français.

16

Les actions en service commandé

Quand l'antidopage ressemble à des opérations commandos...

Nous avions en face de nous des individus particulièrement organisés, malins, excellents connaisseurs de la procédure mais également du Vidal, ce dictionnaire de pharmacologie. De sorte qu'il fallait déployer des trésors d'imagination pour parvenir à déjouer leurs stratégies d'évitement. C'était un jeu d'échecs constant entre eux et nous. Certains athlètes, et particulièrement les spécialistes du fond et du demi-fond, nous donnaient du fil à retordre.
Les tricheurs sont prêts à toutes les manipulations pour continuer à se doper. Ils savent ensuite utiliser les médias pour se faire passer pour des victimes de harcèlement de la part de l'AFLD. Et comme nous sommes tenus à un devoir de réserve, mais également soumis à des procédures, il nous est difficile de répliquer, de rétablir la vérité, de leur porter la contradiction. En général, quasi systématiquement,

Dopage : ma guerre contre les tricheurs

le temps nous donne raison. Il faut savoir être patient et maître de ses nerfs, tout en gardant un certain détachement. Mais j'avoue que ce n'est pas toujours facile de rester calme.

Je vais donc relater quelques histoires pour montrer comment se sont déroulées d'autres opérations, dont certaines ont parfois fait les titres des journaux. Mais cette fois il s'agit de les raconter du point de vue des chasseurs, c'est-à-dire des fonctionnaires chargés de la lutte antidopage.

L'insaisissable docteur Mabuse.

Bernard Sainz, alias « Docteur Mabuse », est une légende dans le monde de l'antidopage. C'est un ancien pistard devenu dans les années 1970 directeur sportif adjoint de l'équipe Gan-Mercier-Hutchinson, aux côtés de Louis Caput. Il a compté parmi ses coureurs Gerrie Knetemann, Raymond Poulidor et Joop Zoetemelk. Puis il s'est spécialisé dans « l'homéopathie », selon ses dires. Laissant croire qu'il était médecin, ce qu'il n'a jamais été. Disons plutôt un « préparateur » de coureurs. Il a aussi sévi sur les champs de course. Dans la fameuse affaire du trafic d'amphétamines aux Six Jours de Bercy, en 1986, il a été condamné à une amende pour exercice illégal de la médecine.

Nous avons longtemps joué avec lui au chat et à la souris – et c'était une souris particulièrement

Les actions en service commandé

rusée. Nos années d'enquêtes ont été difficiles car l'homme est très méfiant. Je l'avais surnommé « le renard ». Les écoutes téléphoniques s'avéraient compliquées car il ne téléphonait pas d'un portable, ni de chez lui, mais depuis des cabines téléphoniques au temps où elles existaient encore. Quant aux filatures, Sainz empruntait parfois des sens interdits pour nous semer. Ou il fixait des rendez-vous puis les annulait au dernier moment, après avoir fait plusieurs fois le tour du quartier. Tout véhicule suspect à ses yeux pouvait justifier cette annulation. Il reprogrammait le rendez-vous dans un lieu différent.

En mai 1999, un magistrat et les policiers de la brigade des stupéfiants ont décidé d'intervenir et d'interpeller tous les sportifs impliqués dans une affaire le concernant ainsi que son avocat. Il a encore été mis en examen pour exercice illégal de la médecine, sur la réquisition d'un juge. Les docteurs Alain Duvallet et Olivier Grondin avaient été désignés pour effectuer les prélèvements sanguins, urinaires et de phanères. Quant à moi, j'effectuais la coordination technique durant toutes les gardes à vue.

Nous avions été surpris de devoir également prélever le manager Marc Madiot. Il nous avait alors expliqué que Mabuse « faisait la pluie et le beau temps au sein du peloton » mais surtout il prétendait être la victime de chantage de la part de Bernard Sainz.

Dopage : ma guerre contre les tricheurs

Les prélèvements et les scellés s'étaient bien déroulés, le responsable de cette opération était Serge Le Dantec, chef du groupe « surdose » à la brigade des stupéfiants de Paris. C'était un homme calme, efficace et très motivé. Son groupe était tout autant attaché au respect de la loi sur la lutte contre le dopage, alors peu pratiquée par les forces de l'ordre à cette époque. Malheureusement, ce groupe a été démantelé suite à l'affaire Cofidis, en raison d'un vice de procédure qui entraîna un non-lieu pour deux cyclistes. Dommage, car ce groupe « surdose » des Stups avait montré son efficacité. Après cela, la hiérarchie policière ne voulait plus que les nouveaux enquêteurs travaillent sur le volet dopage. Nous avions pourtant montré qu'ensemble il était possible de lutter plus efficacement.

Au cours de cette affaire Sainz, nos échanges individuels avec les sportifs avaient été riches en enseignement. Ils nous permettraient, à long terme, d'élaborer de nouvelles stratégies de ciblage, grâce aux précisions apportées. Nous pourrions à l'avenir mieux anticiper les comportements des sportifs et connaître les produits qu'ils s'administrent – avec une nette préférence pour les injections, plus efficaces.

Tous ces sportifs étaient surpris de se retrouver en garde à vue pour utilisation de produits dopants. Cet usage constituait leur quotidien depuis tellement longtemps. Lors des perquisitions, les policiers avaient saisi chez chacun des coureurs une

Les actions en service commandé

valise pleine de médicaments. Et trouvé à l'intérieur une feuille de papier avec un protocole nommé « Bernard ». Curieusement, ces valises contenaient uniquement des produits autorisés. Mais le protocole laissait penser à des injections massives de fer. L'effet produit par la prise simultanée de ces produits nous était inconnu. Les médecins préleveurs étaient inquiets des conséquences sur l'organisme de ces sportifs, d'autant plus que certains présentaient de nombreux boutons sur le visage et le corps. Nos médecins préleveurs ont expliqué à chacun d'eux les risques encourus pour leur foie. Les sportifs leur répondaient qu'il n'y avait pas de problème : « Je prends tel produit pour le protéger. » Certains confiaient : « Je me fais 5 à 6 ampoules par jour. »

Parmi les produits saisis, une fiole retrouvée dans chacune des valises a attiré l'attention des enquêteurs et des médecins réquisitionnés. Ils s'interrogeaient sur le contenu, de couleur marron, de ces flacons sans étiquette. Les analyses n'ont détecté aucune molécule suspecte. C'était probablement une simple teinture mère qui ne servait à rien, si ce n'est à provoquer un effet placebo chez les sportifs. Une belle arnaque financière, basée sur l'effet psychologique. Ou comment améliorer la performance d'un sportif, persuadé d'être en possession d'un produit miracle...

En sortant du quai des Orfèvres, nous avons été violemment pris à partie par une horde de fans de

Dopage : ma guerre contre les tricheurs

cyclisme qui nous demandaient, en hurlant et en nous insultant, de libérer les sportifs en garde à vue. Surtout Richard Virenque. Nous avons eu le plus grand mal à nous extraire de cette foule haineuse. Cette affaire avait provoqué une déflagration médiatique, compte tenu de la notoriété des sportifs impliqués.

La directrice régionale, Brigitte Cahen, était en contact permanent avec nous, car le ministère de la Jeunesse et des Sports nous réclamait les copies des réquisitions des juges pour pouvoir justifier notre présence et notre collaboration avec la justice et la police au quai des Orfèvres.

Bernard Sainz a été écroué deux mois puis placé sous contrôle judiciaire. Il sera finalement condamné à deux ans de prison dont vingt mois avec sursis[1].

---

1. Le 30 septembre 2014, dans un jugement prononcé par la cour d'appel de Paris, Bernard Sainz est reconnu coupable du délit de détention de Diprostène, Syncortyl, Proviron, testostérone et de corticoïdes. Pour ces faits, ainsi que pour l'aide et incitation à l'usage de produits dopants, l'exercice illégal de la profession de médecin, il est condamné à deux ans de prison dont vingt mois avec sursis. Bernard Sainz dépose à ce titre un deuxième pourvoi en cassation, que la Cour de cassation déclare irrecevable, le 13 octobre 2015.
Le 13 avril 2016, il introduit un recours par-devant la Cour européenne des droits de l'homme afin de contester ladite irrecevabilité, et faire condamner l'État français sur le fondement de faux et usage de faux en écriture publique.

Les actions en service commandé

Le drôle de malaise de Chouki.

Fouad Chouki était l'un des meilleurs coureurs de demi-fond français. Il figurait dans nos radars depuis un moment. À l'approche des championnats du monde d'athlétisme qui devaient se dérouler au Stade de France à l'été 2003, nous avons eu le plus grand mal à localiser Fouad Chouki. Nous étions donc sur nos gardes lorsque la compétition a débuté. Pour chaque épreuve, nous avions prévu de tester les trois premiers mais aussi de réserver à notre discrétion un certain nombre de tests pendant tout ce championnat. Cela nous permettait de tester également des athlètes qui nous paraissaient suspects. Chouki en faisait bien sûr partie, surtout après que l'on eut vu le déroulé de la finale du 1 500 mètres.

Sur cette course, nous avons testé les trois premiers ainsi que le huitième de la course, en l'occurrence Fouad Chouki, qui était encore troisième à 50 mètres de la ligne d'arrivée. Mais il s'est écroulé avant la ligne, invoquant ensuite une blessure.

Lorsqu'on lui a signifié son contrôle, l'athlète a radicalement changé de comportement. Soudain, il a été pris de malaise et les préleveurs ont dû me contacter pour demander des directives. Immédiatement, l'homme des missions difficiles, Olivier Grondin, a été chargé de suivre méticuleusement tout le cheminement médical de l'athlète. Je lui avais demandé de consigner précisément tous les

Dopage : ma guerre contre les tricheurs

gestes médicaux, ainsi que les noms et les coordonnées de tous les intervenants successifs. Il s'agissait d'anticiper d'éventuelles contestations futures.

Bien nous en a pris, car le sportif a tout contesté suite à l'annonce de son contrôle positif. Il a même dénoncé un complot, allant jusqu'à prétendre que l'EPO lui avait été injectée durant les soins prodigués après son malaise ! Il sera suspendu deux ans avant de tenter une carrière dans le football, sans succès. Sa suspension valait pour tous les sports [1].

Le procureur de Mongolfier fait tomber le champion du monde du 400 mètres.

Le 11 septembre 2003, les services des douanes de l'aéroport de Nice contrôlent un passager en provenance de Roissy Charles-de-Gaulle. Il s'agit de Jerome Young, un athlète américain. Il vient de remporter le 400 mètres lors des championnats du monde qui se sont déroulés au Stade de France, quelques semaines auparavant. Cette fameuse course durant laquelle le Français Marc Raquil est revenu d'outre-tombe pour arracher une place sur le podium, au terme d'une dernière ligne droite d'anthologie.

---

1. En 2009, Fouad Chouki a avoué son dopage dans un livre intitulé *Ma course en enfer* (Hachette, 2009).

Les actions en service commandé

Young se rendait à Monaco pour disputer la finale de la Coupe du monde. Et dans ses bagages à main, les douaniers découvrent des flacons, des fioles et des comprimés. Le coureur américain a caché l'une des fioles à l'intérieur d'une bouteille thermos, sous de la glace. Les analyses de cette saisie ont démontré la présence d'EPO dans le flacon. Le procureur de la République, Éric de Mongolfier – qui s'était fait connaître lors de la fameuse affaire VA-OM – a transmis avec beaucoup d'à-propos l'information à nos services. Il aurait pu considérer que ces malheureuses fioles étaient du menu fretin. En plus, Young avait déclaré que cette substance servait à son usage personnel. Une astuce souvent utilisée par les dopés : ils ne peuvent être sanctionnés pénalement par la justice s'il n'y a pas de trafic avéré.

Ce sportif avait déjà été déclaré positif aux anabolisants lors d'un contrôle en 1999. Ce qui ne l'avait pas empêché, un an plus tard, de faire partie de l'équipe américaine du 4 x 400 mètres lors des J.O. de Sydney – et de remporter avec elle la médaille d'or. Il avait été blanchi dans l'intervalle par la Fédération américaine d'athlétisme. L'Agence américaine antidopage, la redoutable USADA, n'existait pas encore !

L'information transmise par de Montgolfier était capitale pour nous. En effet, jusqu'à ce jour nous pensions que l'EPO n'était utilisée que par les sportifs des disciplines d'endurance, comme le

Dopage : ma guerre contre les tricheurs

cyclisme ou les courses de fond... Et là, il s'agissait de sprint long. Nous découvrirons ainsi, par la suite, que des sprinteurs prenaient eux aussi de l'EPO. Cette révélation nous a obligés à revoir nos stratégies de contrôles et de recherche d'EPO dans toutes les disciplines. Désormais, il allait falloir la rechercher sur des épreuves qui sollicitaient les filières énergétiques courtes. D'ailleurs, lors de la victoire de Young aux championnats du monde, nous n'avions pas demandé de recherche d'EPO dans son contrôle.

Désormais, la photo de Jerome Young était accrochée dans nos bureaux... Dès qu'il poserait le pied sur le sol français, l'Américain aurait droit à un contrôle. Notre patience sera récompensée. Près d'un an plus tard, le 23 juillet 2004, un mois avant les Jeux d'Athènes, Jerome Young participait au meeting de la Golden League à Paris. Notre préleveur référent, Olivier Grondin, encore lui, a profité de l'occasion inespérée pour le tester immédiatement et demander une recherche d'EPO. Young n'avait pas imaginé qu'il y pourrait y avoir un lien entre les douaniers qui l'avaient contrôlé à l'aéroport de Nice et les préleveurs du meeting du Stade de France... Après avoir fait tomber Bernard Tapie, le procureur Éric de Mongolfier a ainsi participé au contrôle du champion du monde du 400 mètres.

Et, en effet, ses analyses se sont révélées positives à l'EPO. Cette histoire montre la nécessité d'une coordination entre tous les services de l'État.

Les actions en service commandé

Young n'a pu prendre part aux J.O. d'Athènes et fut radié à vie.

Le coup de poker avec Traby.

Une information d'excellente qualité nous était parvenue concernant une athlète française, Laila Traby. Toutefois, celle-ci ne figurait dans aucun groupe cible. Quand nous nous en sommes aperçus, nous avons alerté la Fédération internationale d'athlétisme, qui nous a mandatés afin de mettre en place un contrôle inopiné à son domicile. Sans cet artifice juridique, il nous aurait été impossible de le faire.

Pour plus de sécurité, nous avions produit un article 40 au procureur de la République de Perpignan car l'opération devait avoir lieu à Font-Romeu. Elle était organisée avec le concours de la gendarmerie locale, en coopération avec l'OCLAESP. Une préleveuse était spécialement missionnée sur place pour effectuer ce contrôle, qui se présentait comme un véritable coup de poker.

En effet, cette sportive ne figurant pas dans un groupe cible, elle n'était pas tenue de donner ses lieux et dates de résidence. Et elle avait le droit de ne pas nous ouvrir, sans qu'aucune sanction ne puisse lui être infligée. Mais notre information semblait sérieuse, nous devions tenter notre chance.

Font-Romeu est à la fois une station de ski et un lieu d'entraînement réputé. Dans les années 1960,

Dopage : ma guerre contre les tricheurs

on y a bâti la cité préolympique afin que les équipes de France y préparent les Jeux de Mexico de 1968. Le lycée Pierre-de-Coubertin abrite de nombreuses sections sport-études et des pôles d'excellence. Les sportifs disposent ainsi de multiples installations à plus de 2 000 mètres d'altitude. Nombreux sont les athlètes qui ont pris l'habitude d'y préparer leur saison. Concomitamment s'y sont développés, dans les années 1990 et 2000, des circuits d'approvisionnement de dopage.

La neige était tombée abondamment sur la station en ce mois de novembre 2014, et la route d'accès s'avérait quasiment impraticable. Le responsable de la gendarmerie locale Olivier D. m'avait contacté pour s'assurer du dispositif. Nous avions déjà travaillé ensemble sur l'affaire Julie Coulaud et il était rompu à toutes les astuces des sportifs tricheurs. Il m'a confirmé qu'il assisterait la personne mandatée par l'AFLD pour effectuer les prélèvements.

Il s'agissait une fois de plus d'un investissement financier important pour l'agence et la tension était palpable au sein de l'équipe ce jour-là. Comme à chaque opération spéciale, toutes les lignes de téléphones avaient été libérées.

Quand la préleveuse s'est présentée sur le lieu de résidence et a sonné à la porte, l'athlète a spontanément ouvert. La préleveuse lui a alors signifié son contrôle. Laila Traby a très vite réagi. Se rendant compte de sa bévue, elle a d'abord nié être la bonne personne. Heureusement, la préleveuse et le

Les actions en service commandé

gendarme avaient pris la précaution de se munir de photographies de l'athlète. Prise de panique, celle-ci a refusé le contrôle. Ce refus de s'y soumettre la faisait basculer automatiquement dans le domaine pénal. Les gendarmes ont aussitôt pris le relais en procédant à une perquisition. Ils ont découvert des produits interdits et des systèmes de perfusion. Laila Traby a été placée en garde à vue.

Sous la pression des enquêteurs, elle a finalement accepté de subir les prélèvements et les échantillons ont été aussitôt acheminés vers le laboratoire. Il a confirmé la présence d'EPO, du même type que celle saisie dans son appartement. Le coup de poker avait rapporté la mise.

Coulaud, les hormones dans la haie.

La Fédération internationale d'athlétisme nous avait alertés à propos d'une coureuse de 3 000 mètres steeple, Julie Coulaud. La collaboration avec les responsables médicaux de la fédération, Thomas Capdevielle et Gabriel Dollé, était totale.

L'IAAF suspectait cette athlète d'utiliser des produits dopants. Durant plusieurs mois, nous avions tenté vainement de la tester dans les phases critiques qui précédaient les compétitions majeures. Sans réussite. Durant ces périodes, l'athlète était prise de nomadisme aigu ; il était donc toujours impossible de la tester en amont des épreuves. Nous y

Dopage : ma guerre contre les tricheurs

parvenions seulement les jours de compétition, sans obtenir bien sûr de résultat. Ses conseillers avaient une parfaite connaissance de la cinétique d'élimination des produits qu'elle s'injectait. Mais la providence allait nous donner un petit coup de main.

Un soir de mai 2008, sur les hauteurs de Font-Romeu, une voiture s'arrête au bord d'une route. Une ombre dépose furtivement un sac dans une haie et la voiture redémarre. La propriétaire du terrain, intriguée, relève le numéro d'immatriculation du véhicule. Prévenu, l'enquêteur de la gendarmerie Olivier D. récupère le sac. Il contient du matériel d'injection et des flacons vides d'hormones de croissance. Après vérification, on découvre que la voiture appartient à... Julie Coulaud. L'information remonte jusqu'à Jean-Christophe Aubin, l'excellent correspondant régional de l'agence en Languedoc-Roussillon. Il la transmet aussitôt aux gendarmes de Prades, qui en informent un procureur de la République, lequel diligente une enquête.

De son côté, l'IAAF déclenche instantanément un contrôle les jours qui suivent. Celui-ci s'avère positif à la testostérone. Il est suivi d'une perquisition, pendant laquelle les enquêteurs retrouvent un protocole de dopage émis par un médecin espagnol. Ce document indiquait avec précision toute la procédure de dopage, ainsi que la fourniture de produits. Il sera largement diffusé à tous les responsables des contrôles antidopage français et étrangers, pour permettre de mieux cibler les tests en

Les actions en service commandé

amont des compétitions. Il nous aidera ainsi à comprendre les méthodes des dopés.

L'affaire Coulaud a donc eu des répercussions au-delà de son seul cas. D'ailleurs, l'enquête a aussi révélé que son compagnon avait été pris en possession d'EPO et d'hormones de croissance lors d'un banal contrôle routier. Il était alors en compagnie d'un athlète déclaré positif quelques mois plus tôt. Il se trouve que ce coureur va dénoncer nombre de ses collègues. Le hasard – ou pas – a fait que beaucoup des sportifs qu'il avait désignés se sont effectivement fait prendre positifs quelques mois ou plusieurs années plus tard.

Un coureur devenu spectateur mais contrôlé positif.

Le 17 janvier 2014, j'apprends que le cross Ouest-France-Pays-de-Loire, habituellement organisé sous la tutelle de la Fédération européenne d'athlétisme, ne l'était plus à compter de cette année. De ce fait, comme ce n'était plus une épreuve internationale, nous étions compétents juridiquement pour mettre en place des contrôles. C'était une belle opportunité car cette épreuve est importante. Nous avions donc l'assurance que beaucoup d'athlètes de haut niveau allaient s'y rendre. Et un certain nombre d'entre eux figuraient sur nos radars...

Dopage : ma guerre contre les tricheurs

Dès le lendemain, j'organise en urgence une réunion extraordinaire avec toute mon équipe pour effectuer une vaste opération de prélèvements. Il fallait trouver en urgence des préleveurs disponibles et motivés. Pour renforcer l'effet de surprise, ceux-ci auraient la consigne d'attendre le feu vert de notre référent Olivier Grondin, qui devait déclencher l'opération à quelques minutes du départ.

Malheureusement, une préleveuse peu habituée à nos opérations commando était arrivée en avance et s'était annoncée trop tôt auprès de l'organisation. Aussitôt, la rumeur d'un contrôle a circulé parmi les concurrents. Comme d'habitude, cela a provoqué la fuite de certains coureurs ou leur forfait au dernier moment. Et bien sûr, parmi ces abandons de la dernière heure, figuraient la plupart de nos athlètes ciblés.

Un coureur venu spécialement du Maroc à l'invitation de l'organisateur était venu retirer son dossard avant que l'information du contrôle ne soit diffusée. Il en a profité pour demander le remboursement de son billet d'avion Casablanca-Montpellier.

Il figurait parmi les athlètes ciblés parce qu'il avait été positif à la méthylhexanéamine (un stimulant) quelques années plus tôt à Ottawa, puis suspendu six mois par la fédération marocaine. Le responsable de l'organisation, Max Fougery, qui venait de lui donner son dossard et de lui rembourser ses frais de transport, lui a donc demandé de répondre au contrôle antidopage. Coincé, le sportif

Les actions en service commandé

a cependant réclamé au préleveur de bien vouloir notifier dans le procès-verbal qu'il n'avait pas participé à la course. En effet, soudainement, il avait décidé de ne pas courir. Plusieurs mois plus tard, nous avons appris avec stupeur que le sportif avait été relaxé. Il aurait en effet été contraint de subir le contrôle alors qu'il n'avait pas participé à la compétition. Mieux, il était rhabillé et se tenait parmi les spectateurs dans les tribunes ! Il avait en outre produit un certificat médical daté du 14 janvier, soit plusieurs jours avant la course. Le document attestait qu'il n'était pas en état physique de participer au cross Ouest-France-Pays-de-Loire le 19. C'est étonnant car il n'en avait pas fait état sur le procès-verbal lors du contrôle. Et puis pourquoi avoir demandé à se faire rembourser les frais de sa venue si c'était juste pour assister à la course ? L'organisateur était très en colère quand il a appris cette décision. Or elle provenait de notre propre collège, motivée par les juristes de notre agence. C'était ni plus ni moins un sabotage en règle de notre travail.

D'autant que l'ensemble des faits présentés au collège ne correspondaient pas du tout à ce qui s'était passé sur le terrain. Ce dossier avait été instruit à la seule décharge du sportif. Ni l'organisateur qui s'était étranglé en apprenant les motifs de la relaxe, ni le préleveur très expérimenté et assermenté n'avaient été entendus dans la procédure. Ils étaient pourtant des témoins essentiels, importants et fiables.

Le collège n'a pas su que le sportif lui cachait la vérité car le département des contrôles a été informé tardivement de cette procédure. Nous étions écœurés. Mais nous n'étions pas les seuls : l'IAAF et l'AMA étaient tombés de l'armoire à pharmacie quand ils avaient appris comment ce sportif pris à l'EPO avait été relaxé.

Moulinet jette les ampoules par les fenêtres.

Bertrand Moulinet est un athlète doté d'une forte personnalité. Il pratique la marche. Une discipline souvent touchée par le dopage, notamment en raison de la grande tradition de cette discipline en Russie. Or le dopage institutionnel mis au jour en Russie ces dernières années impliquait particulièrement l'école de marche. Ainsi, les neuf marcheurs russes sélectionnés aux Jeux de Londres en 2012 ont tous été sanctionnés pour usage de produits interdits.

Moulinet n'a rien de russe, il était licencié à Amiens. Une information nous était remontée, selon laquelle il faisait usage de substances illicites. Après un contact avec l'IAAF, nous avons convenu de l'inclure dans notre groupe cible. Non sans une longue procédure administrative, comme le souhaitait notre nouvelle direction. Nous avons dû convoquer une réunion de service consacrée à la

Les actions en service commandé

mise en place d'une stratégie de contrôles pour ce sportif.

Nous avons analysé l'ensemble de ses déplacements et le calendrier de ses compétitions. Tous ces indices nous donnaient une indication sur son comportement général. En outre, l'analyse fine de ses profils sanguins par le professeur Michel Rieu nous avait confortés dans nos convictions.

À partir de ces données, nous avons défini une stratégie de contrôles et envisagé un calendrier de ses éventuelles prises de substances, en fonction des cinétiques d'élimination de chacune. Restait à savoir où il disputerait ses prochaines compétitions et surtout quel était l'objectif de sa saison.

Finalement, ses propres déclarations dans la presse nous ont informés sur son calendrier à venir. Tous les comptes à rebours des ciblages étaient établis. Linda Bazabas, notre œil avisé au département des contrôles, avait été chargée de la mise en œuvre de cette stratégie.

Le premier et le deuxième ciblage ont été fixés au 30 mars et au 2 avril 2015, au domicile de l'athlète. Son comportement irréprochable durant la procédure de prélèvement nous a fait douter sur le moment de notre décision. Nous avons compris plus tard les raisons de son calme olympien : il pensait que les produits utilisés étaient indétectables. Il avait raison. Ils l'étaient. Jusqu'à ce que le laboratoire de Châtenay mette au point une méthode d'analyse pour un nouveau produit.

Dopage : ma guerre contre les tricheurs

C'est ainsi qu'après une semaine de travail, Moulinet a été déclaré positif, grâce à la détection d'une nouvelle molécule : le FG-4592. Il s'agissait à l'époque d'une substance en phase clinique d'expérimentation, donc pas encore sur le marché. Comme ce produit stimule la sécrétion d'EPO par l'organisme, il ne pouvait pas être autorisé en France.

La détection de cette molécule était une première mondiale, prouvant le haut niveau technologique de notre fameux laboratoire. L'information a été aussitôt transmise aux gendarmes de l'OCLAESP qui, en partenariat avec la Fédération française d'athlétisme, ont mis au point une stratégie de notification au sportif par voie d'huissier de justice.

Le 22 avril, un officier ministériel accompagné de gendarmes a donc sonné à la porte du chalet du père de Bertrand Moulinet, à Font-Romeu, où il s'était installé pour un stage. Sur le moment, personne n'est venu ouvrir mais, de l'extérieur, l'équipe a entendu des bruits suspects. Les gendarmes ont décidé d'intervenir. Une partie d'entre eux se sont positionnés sur des issues possibles du chalet, notamment sous les fenêtres à l'arrière de la maison. Et soudain, ils ont vu tomber une pluie de produits !

À l'intérieur, Moulinet, pris de panique, cassait des ampoules et tentait de détruire toutes les preuves de son dopage. La perquisition a permis de découvrir d'autres médicaments illicites : Thymosin, TB 500 ou PEG MGF.

Les actions en service commandé

Nous voulions garder secrètes ces informations, pour que les utilisateurs de cette nouvelle substance n'apprennent pas que le laboratoire de Châtenay était capable de la détecter. Mais à notre grand dam, au sortir de sa garde à vue Bertrand Moulinet a publié un communiqué dans lequel il reconnaissait avoir été pris positif au FG-4592... condamnant ainsi notre possibilité d'exploiter ultérieurement cette piste. Au passage, il venait de prévenir les autres sportifs que cette substance était désormais détectable. Moulinet sera suspendu quatre ans et le tribunal de Perpignan lui infligera six mois de prison avec sursis. Il reste l'un des rares athlètes à avoir eu le courage d'affronter la réalité en reconnaissant s'être dopé.

17

L'argent du dopage

Le nerf de la guerre et ses secrets. Une donnée essentielle pour la compréhension du problème.

Les enjeux économiques du dopage sont colossaux. Selon une estimation, le marché des anabolisants est aux États-Unis cent fois supérieur à celui de l'héroïne. De même que 80 % de la production d'EPO ne serait pas consacrée aux malades mais au dopage[1]. On évalue en effet le nombre d'utilisateurs d'érythropoïétine pour dopage à un million de personnes dans le monde. C'est le même chiffre pour les hormones de croissance.

Rien qu'en Italie, le professeur Donati estime que le dopage génère annuellement un chiffre d'affaires de 537 millions d'euros. Le docteur Ferrari, régulièrement consulté par Armstrong, disposait de revenus de plusieurs millions d'euros. Quant aux honoraires du docteur Fuentes, qui a été

---

1. Jean-François Bourg, *Le Dopage*, La Découverte, 2019.

Dopage : ma guerre contre les tricheurs

accusé d'organiser le dopage de nombreux sportifs espagnols et internationaux, ils sont estimés à 7 millions d'euros par an [1].

L'économiste Jean-François Bourg, chercheur au Centre de droit et d'économie du sport de Limoges, donne dans son livre *Le Dopage* une fourchette du chiffre d'affaires du trafic : entre 12 et 20 milliards d'euros dans le monde pour le sport de haut niveau. Et si on ajoute les amateurs confirmés, ceux dont nous avons parlé dans un chapitre précédent, la fourchette monte de 35 à 50 milliards. Des chiffres astronomiques... En comparaison, le budget annuel de l'AMA de 32 millions d'euros (soit le budget d'un club de Ligue 2 de football) semble absurde.

Quant au coût annuel du dopage pour un athlète, pour le connaître nous nous fondons sur les révélations de sportifs pris positifs et qui sont passés aux aveux. Cela dépend bien sûr des individus, des sports pratiqués et des moyens dont disposent ces sportifs. Ainsi, un amateur nous a avoué acheter pour à peine 400 euros d'anabolisants et 200 euros pour le reste des produits, soit un total de 600 euros. C'est vraiment le minimum.

---

1. Le 30 avril 2013, le parquet ayant fait appel de son non-lieu dans le cadre de l'opération Puerto – le juge estimant que les faits de mise en danger de la vie d'autrui n'étaient pas établis, même si l'existence d'un réseau de dopage sanguin était avérée –, il est condamné à un an de prison avec sursis.

L'argent du dopage

Un jour, nous avons saisi un protocole de dopage chez une athlète. Celui-ci était conçu pour une préparation finale, soit les deux derniers mois avant les Jeux de Pékin en 2008. La facture était établie comme suit : consultations : 3 000 euros ; quatre ampoules d'ozone (une méthode thérapeutique utilisée naguère pour soigner la tuberculose, abandonnée depuis !) : 3 200 euros ; hormones de croissance : 169 euros ; une ampoule d'IGF NH1 : 55 euros.

Quand on en vient aux professionnels, les prix s'élèvent. Pour un cycliste tricheur du Tour de France, on estime qu'une préparation avec EPO et hormones de croissance coûte environ 20 000 euros. Le programme de dopage le plus cher était celui de Lance Armstrong, évalué à 100 000 euros par an. Un montant que l'athlète américaine Marion Jones approchait également.

Les gens qui procurent les produits aux sportifs s'adaptent à leurs moyens, ils font même des prix aux sportifs en début de carrière et augmentent les tarifs au fur et à mesure que le compétiteur voit sa cote grimper. Au début, ces « experts » qui définissaient les protocoles de dopage les rédigeaient de leur main. Mais à la suite des différentes affaires, ils se sont mis à dicter aux sportifs les détails de leurs « conseils » afin de ne laisser aucune trace qui les implique.

Au début, ces « conseillers » étaient en général des médecins. Le docteur Donati, qui a rédigé un

Dopage : ma guerre contre les tricheurs

rapport pour l'AMA en 2008, estime qu'il y avait à l'époque, rien qu'en Italie, quelque 700 médecins qui s'adonnaient à ces prescriptions de produits dopants. Au pire, des soigneurs gourous délivraient eux-mêmes les produits. Mais très vite, ils ne faisaient plus que délivrer les protocoles. Charge ensuite aux sportifs de se procurer les produits.

La peur du gendarme a modifié les comportements : les noms, adresses et numéros de téléphone de tous les acteurs du dopage sont devenus très compliqués à se procurer. Un vrai casse-tête pour obtenir des informations car, au même titre que pour les trafics de drogue, le trafic de produits dopants dispose d'un système très cloisonné. Ces réseaux sont devenus de plus en plus élaborés, structurés, avec parfois des appuis importants et surprenants dans tous les domaines.

Les sportifs les plus riches payent des organisations qui assurent la logistique, tandis que les sportifs « pauvres » assurent eux-mêmes le transport des produits à leurs risques et périls, car ils peuvent être soumis à un contrôle douanier, à des perquisitions... Et surtout, ils doivent s'administrer eux-mêmes les produits, or certaines manipulations comme les injections en intraveineuse réclament une relative maîtrise... Ou bien il faut trouver une personne de confiance pour le faire. Mais une personne informée supplémentaire constitue un risque permanent de fuite. D'ailleurs, une majorité de nos informations nous parvenaient par ce biais.

L'argent du dopage

Il est bien évident que plus les moyens financiers sont importants, plus les sportifs peuvent se procurer des protocoles sophistiqués et donc plus performants. Ils peuvent en outre bénéficier d'une logistique complètement sécurisée. Dans ces conditions, le prix à payer sera proportionnel.

Les protocoles les plus chers sont ceux qui incluent le traitement du sang. Car celui-ci implique des manipulations techniques compliquées, donc onéreuses, comme la conservation des poches sanguines dans des lieux réfrigérés spécifiques (et discrets). Et des conditions particulières pour extraire les additifs et livrer le sang le jour J avant de le réinjecter en micro-doses, pour déjouer les appareils d'analyses de plus en plus performants.

Toute cette organisation a besoin de bénéficier de complicités à différents niveaux, des personnes qualifiées pour pratiquer ces actes à celles qui disposent de lieux de stockage, bien souvent en milieu hospitalier ou dans des laboratoires complices... Par exemple, nous savons qu'un illustre athlète français réalise chaque année des autotransfusions en région parisienne mais nous ne sommes jamais parvenus à découvrir la structure complice.

L'approvisionnement par Internet a longtemps constitué l'un des canaux essentiels d'approvisionnement. Mais l'efficacité des services des douanes dans l'interception des colis sur des clients ciblés a peu à peu tari cette source, notamment pour les sportifs de haut niveau. Pour ceux qui en ont les moyens, il est devenu plus simple d'aller s'entraîner et de se doper dans des pays où la lutte contre les trafics est moins virulente qu'en France. Il existe même des villes dans le monde dont le « tourisme » est axé sur cette économie du dopage, notamment Ifrane au Maroc et Albuquerque aux États-Unis. En revanche, pour les amateurs, Internet demeure le circuit majeur d'approvisionnement.

Pour ce qui est des pays pourvoyeurs de produits, la Direction nationale du renseignement et des enquêtes douanières recense la Thaïlande (55 % des produits saisis en 2012) et la Chine pour les anabolisants. Mais également des pays d'Europe : la Grèce (8 % des produits dopants saisis en 2012), la Slovaquie (2 %) ou encore la Moldavie (principal pays de fabrication en Europe).

Face à cela, les moyens de l'Agence française de lutte contre le dopage paraissent très limités. On peut dire qu'au regard de ce problème de santé publique, l'État consacre peu de subsides. La subvention allouée à l'AFLD s'élève en moyenne à 7 millions d'euros. L'agence se procure par ailleurs un million d'euros. Soit un budget moyen de 8 millions dans les années 2010-2017. C'est moins que ce que touche le Comité national olympique et sportif français (CNOSF) et c'est comparable au montant du transfert d'un joueur moyen du championnat de France de football.

Il y a en France 16 à 17 millions de licenciés sportifs, soit le nombre de personnes susceptibles de

L'argent du dopage

prendre part à des compétitions. Un rapide calcul montre que l'on consacre 0,43 euro par licencié à la lutte antidopage. C'est peu. Car les contrôles antidopage coûtent cher. Une analyse d'urine conventionnelle revient à 200 euros en compétition et à 150 si c'est hors compétition. Si l'on veut rechercher l'EPO, il faut ajouter 100 euros, 150 euros pour l'insuline, 220 euros pour la testostérone, 350 euros pour la nandrolone. Dépister des hormones de croissance dans le sang d'un sportif coûte 150 euros. Dès lors, un contrôle avec une recherche de plusieurs produits revient vite à plusieurs centaines d'euros. D'où la nécessité de cibler les contrôles et de recueillir des informations en amont.

Pour autant, l'État ne doit pas être l'unique contributeur de la lutte antidopage. D'abord parce que les finances publiques ne sont pas au mieux. Et surtout parce que beaucoup d'acteurs du sport génèrent allègrement d'énormes bénéfices avec les manifestations sportives. Or quelle valeur a ce spectacle s'il n'est pas juste et équitable ?

L'intérêt du sport repose sur l'égalité des chances de tous les participants pour l'emporter. Dès lors, la lutte contre le dopage pourrait être financée par les télévisions, les organisateurs de compétitions, les sportifs eux-mêmes... Le sport pourrait payer pour que le sport reste le sport.

Surtout, les sportifs dopés devraient payer pour le coût de la lutte antidopage. Lorsqu'un sportif est déclaré positif, il réclame quasiment toujours

Dopage : ma guerre contre les tricheurs

l'analyse de l'échantillon B. Pourquoi tous ces frais d'analyses sont-ils à la charge de la collectivité ? Pourquoi les Français devraient-ils payer avec leurs impôts les analyses d'un tricheur ? Les frais des analyses devraient être à la charge du sportif qui a triché, auxquels il faudrait ajouter les frais de prélèvement. C'est le cas dans certains pays comme la Suisse, qui facture en plus d'une amende les frais de traitement administratif des dossiers.

D'autant plus que, bien souvent, les sportifs positifs n'hésitent pas à engager plusieurs milliers d'euros en frais de justice pour attaquer à tout va les procédures de contrôle. Les plus riches y dépensent même parfois des millions, ce qui fait souvent hésiter bon nombre de fédérations internationales ou nationales à les déclarer positifs.

Al Capone, après des années d'impunité, est tombé en raison d'un contrôle fiscal. L'argent constitue très certainement l'un des vecteurs d'investigation à venir des circuits de dopage. Si les sportifs dopés devaient simplement rendre l'argent qu'ils ont volé en trichant, cela impacterait sérieusement le dopage, d'autant plus si ces remboursements étaient assortis d'amendes conséquentes.

18

Au nom d'une certaine idée du sport

La Russie a été évincée par l'Agence mondiale antidopage des jeux Olympiques d'été à Tokyo (2021) et ceux d'hiver à Pékin (2022). Preuve que la lutte antidopage a beaucoup évolué depuis cette période où nous partions d'une page blanche, ou presque. Désormais, elle constitue un pilier constitutif du sport de haut niveau. Régulièrement, la chronique est émaillée d'affaires de dopage, dans tous les sports. La lutte s'est donc installée durablement dans le paysage sportif contemporain. Reste à savoir si elle est efficace. C'est-à-dire si les compétitions sont justes, honnêtes et préservent les chances de tous.

La science a considérablement progressé dans le domaine de la préparation et de l'aide à la performance. D'un côté comme de l'autre. Celui des tricheurs comme celui de l'antidopage. La différence, comme dans d'autres domaines, se fait sur l'argent. Il y a ceux qui sont très encadrés, disposent de moyens importants, de médecins à leur service,

Dopage : ma guerre contre les tricheurs

d'une logistique efficace... Ces tricheurs-là n'ont pas grand-chose à craindre. Et puis il y a tous les gueux du dopage, ceux qui se dopent à la petite semaine, avec les moyens du bord, qui se piquent eux-mêmes, bricolent, achètent directement leurs produits en prenant tous les risques. Pour ceux-là, bien entendu, la tâche est plus compliquée. Leur seule chance de salut réside dans les faibles moyens mis à la disposition de la lutte antidopage. Ils peuvent espérer passer entre les mailles du filet en bénéficiant du manque de contrôles.

Au fond, la lutte antidopage est une question de volonté politique. Si l'on veut réellement combattre ce fléau qu'est le dopage, on le peut. On maîtrise l'organisation, les procédures de contrôle... Et les scientifiques ont considérablement progressé dans leur compréhension du phénomène. Ils ont même des moyens de déceler le dopage génétique. Il faut juste leur donner la capacité de le faire.

Enfin, la lutte antidopage est un tout. Il faut associer l'ensemble des acteurs : scientifiques, agences nationales, gendarmerie, police, douanes, justice. La collaboration de tous ces services de l'État, adossée à une réelle volonté des fédérations et du CIO, c'est-à-dire du mouvement sportif, pourrait concourir à rendre le sport tel qu'il devrait être. C'est-à-dire une compétition entre des hommes et des femmes disposant uniquement de leur volonté, de leur courage, de leur capacité de travail, de leurs dons... et non de produits chimiques. C'est le cas

Au nom d'une certaine idée du sport

pour la grande majorité des sportifs. D'ailleurs, ce sont eux qui nous poussent à aller plus loin. Ce sont eux les victimes des quelques tricheurs qui rongent le sport comme les vers dans le fruit. C'est pour tous ces champions honnêtes qu'il faut se battre, pour l'exemple qu'ils donnent aux enfants. Mais pas seulement. Pour nous tous. Il faut se battre pour le moindre coureur d'une des régions les plus reculées du Kenya (où malheureusement sévit aussi le dopage) et jusqu'aux joueurs des plus grands tournois de tennis et des prestigieuses rencontres de la Ligue des champions. Pour les plus jeunes jusqu'aux vétérans. Il faut préserver ce qui fait la beauté du sport et la raison de son succès, son principe essentiel : l'égalité entre les hommes.

Glossaire

ADAMS : Anti-Doping Administration and Management System. Système d'administration et de gestion antidopage qui permet aux sportifs de partager avec les agences les données liées à la lutte contre le dopage. Ils doivent entrer les informations permettant de les localiser pour pouvoir être contrôlés. S'ils changent de programme, de lieu d'entraînement, ils doivent le notifier. S'ils le souhaitent, ils peuvent désigner un représentant (responsable d'équipe ou agent) pour entrer les données à leur place. Cette fonctionnalité aide aussi les organisations antidopage à partager ces informations sur la localisation. Un simple SMS permet de modifier ses données.

AFLD : L'Agence française de lutte contre le dopage est une autorité publique indépendante créée le 1er octobre 2006 et chargée d'organiser la lutte contre le dopage sur le territoire national.

Dopage : ma guerre contre les tricheurs

AMA : L'Agence mondiale antidopage est organisation internationale créée en 1999, financée et composée à parts égales par le mouvement sportif et les gouvernements. Elle supervise la lutte contre le dopage au niveau mondial. Son siège est à Montréal.

ASO : Amaury Sport Organisation. Société organisatrice du Tour de France.

AUT : Autorisation d'usage thérapeutique. Elle est accordée à un sportif à qui son dossier médical permet d'utiliser une substance interdite.

CADF : Fondation antidopage pour le cyclisme, créée par l'Union cycliste internationale en 2008.

CHAÎNE DE POSSESSION : Ce document contient la chronologie d'un contrôle et le suivi précis des personnes qui ont eu en main les échantillons, de la fin du contrôle à leur arrivée au laboratoire d'analyses.

CIRAD : Correspondant interrégional antidopage.

CODE MONDIAL ANTIDOPAGE : Il est élaboré par l'Agence mondiale antidopage et réactualisé en permanence. Il constitue le cadre général des règlements que les organisations antidopage doivent respecter.

CONTRÔLE INOPINÉ : Il a lieu sans que le sportif soit averti au préalable.

Glossaire

Convention internationale de l'Unesco contre le dopage dans le sport : Elle a été signée le 29 octobre 2005.

Échantillons prélevés : Ils regroupent l'ensemble des prélèvements (urinaire, sanguin ou de phanères) effectués par le préleveur sur le sportif.

Escorte ou chaperon : Personne formée et habilitée par une agence nationale ou internationale, chargée de maintenir sous contrôle visuel permanent le sportif notifié par le préleveur. Sa mission ne s'achève que lorsque le préleveur a collecté les échantillons réclamés sur son ordre de mission.

Groupes cibles : Ils regroupent l'ensemble des sportifs de haut niveau ou professionnels désignés par leur fédération. Ils ont un devoir de localisation permanent. Ils sont ainsi susceptibles d'être contrôlés à tout moment, sans être prévenus.

Laboratoires d'analyses : Les laboratoires antidopage doivent être accrédités par l'AMA. Ils doivent tous appliquer les mêmes standards d'analyses à travers le monde. Il y a trente-quatre laboratoires accrédités dans le monde.

Liste d'interdiction d'utilisation des substances : Substances et méthodes interdites d'utilisation par les sportifs. Cette liste est publiée par l'AMA et réactualisée en permanence suivant l'évolution des recherches.

Dopage : ma guerre contre les tricheurs

No show : constat de l'absence du sportif lors d'un contrôle inopiné. Trois « *no shows* » équivalent à un contrôle positif.

OCLAESP : Office central de lutte contre les atteintes à l'environnement et à la santé publique.

ONAD : Organisation nationale antidopage.

Passeport biologique : Le passeport de l'athlète est basé sur le suivi de ses variables biologiques, qui révèlent indirectement les effets du dopage.

Phanères : Production épidermique apparente (poils, cheveux, ongles). Nombre de substances interdites restent détectables longtemps dans les phanères. Le Code du sport français permet ces prélèvements mais comme le Code mondial ne l'a pas inclus dans ses standards, on ne peut utiliser les résultats de ces analyses pour sanctionner les sportifs.

Poste de contrôle : C'est le lieu mis à disposition par l'organisateur, où les prélèvements doivent se faire dans le calme et le respect du sportif.

Profil biologique : Ce dispositif, mis en place uniquement en France, permet de détecter indirectement les sportifs qui se dopent, en fonction des variations de leurs paramètres biologiques.

UCI : Union cycliste internationale. Instance mondiale dont le but est de développer et promouvoir

Glossaire

le cyclisme en coopération avec les fédérations nationales. Elle est basée au Centre mondial du cyclisme, en Suisse.

USADA : U.S. Anti-Doping Agency. C'est l'Agence antidopage américaine, chargée notamment des jeux Olympiques.

Principaux produits dopants

AMPHÉTAMINE : Substance psychotrope utilisée comme stimulant. Elle est souvent utilisée en cyclisme pour aider les coureurs à s'entraîner dans des conditions climatiques difficiles, ou dans les sports de combat pour supporter les entraînements.

COCAÏNE : Stimulant du système nerveux central. Son usage provoque un sentiment d'invulnérabilité ainsi qu'une indifférence à la douleur. Employée pour faire suite à un état dépressif. Utilisée dans le rugby pour atténuer les douleurs post-match.

CORTICOÏDES : Hormones stéroïdiennes sécrétées naturellement par la glande surrénale. Les sportifs les utilisent pour leurs effets antifatigue, anti-inflammatoires et antalgiques. Les rugbymen, les cyclistes, les athlètes et les footballeurs les utilisent pour atténuer la douleur pendant les épreuves.

EPO, ERYTHROPOÏÉTINE : Cette hormone entraîne une augmentation des globules rouges dans le sang et donc un meilleur transport de l'oxygène. Elle permet d'augmenter les capacités d'endurance des sportifs. Certaines études ont montré que les gains allaient de 10 à 15 %. La détection de cette substance a été réalisée en première mondiale par Jacques de Ceaurriz et Françoise Lasne au laboratoire de Châtenay-Malabry. Ils ont aussi mis au point le test pour détecter la CERA, une variante d'EPO. Très utilisées dans le cyclisme, en athlétisme pour l'endurance mais également pour les sprinteurs, ces substances facilitent notamment les grosses séances de musculation.

FG 4592 : Cette substance augmente la production androgène d'érythropoïétine. Le laboratoire de Châtenay-Malabry a été le premier à la détecter. Utilisée en cyclisme et en athlétisme.

HBOC : Hemoglobin Based Oxygen Carriers. Substituts sanguins. Cette hémoglobine de synthèse contribue à l'amélioration des performances en augmentant le transport de l'oxygène dans le sang.

HORMONE DE CROISSANCE : Elle est responsable de la croissance du squelette, des organes et des muscles. Elle provoque une augmentation de la masse musculaire, de la force et de la vitesse de contraction musculaire. Sa détection est difficile,

Glossaire

compte tenu de la cinétique de son élimination, très rapide.

NANDROLONE : Anabolisant dérivé de la testostérone qui accroît significativement la masse musculaire. Elle diminue les douleurs articulaires liées à l'entraînement.

STANOZOLOL : Stéroïde anabolisant synthétique dérivé de la testostérone qui accroît la masse musculaire. C'est à ce produit que le sprinteur canadien Ben Johnson a été contrôlé positif aux J.O. de Séoul en 1988.

STIMULANTS : Substances qui augmentent le fonctionnement psychique et/ou physique. Ce sont le plus souvent des médicaments détournés des indications thérapeutiques.

Méthodes interdites

TRANSFUSION : Cette opération consiste à s'injecter du sang ou des dérivés sanguins.

TRANSFUSION AUTOLOGUE : Cette opération consiste à s'injecter son propre sang, prélevé dans une période de repos. Cette technique est indétectable pour le moment. Pour la rendre invisible sur les paramètres sanguins, les spécialistes utilisent des microdoses.

Dopage : ma guerre contre les tricheurs

TRANSFUSION HOMOLOGUE : Cette opération consiste à s'injecter du sang d'une personne étrangère possédant le même groupe sanguin. Cette technique est détectable par tous les laboratoires agréés.

Protocole complet et détaillé
à destination d'un sportif de haut niveau,
réalisé par un médecin espagnol
dans le cadre d'une préparation médicale
pour une compétition précise.

PROGRAMA DE COMPETICION

Dia de competición antes de la comida anterior a la competición aplicar NUVA 0,15 intramuscular con jeringa de insulina.

GURONSAN 3 comp. disueltos en agua 40 minutos antes de la competición.

PROGAMA JULIO

HORMONA DE CRECIMIENTO tapón amarillo cada frasco contiene 10 U.I. Debe aplicarse 2 U.I. subcutanea antes de dormir (combinarla con 1 ml de agua para inyección y dividirlo en 5 partes) los dias 1,3,10, 12, 21, 28, 30,

IGF NH1 ampolla de 250 ng. disolverla con 1 ml. de agua para inyección y dividir en 10 partes cada parte de 0.1 aplicar subcutanea antes de dormir los dias 5, 7, 14, 16, 23, 25.
18
Insulina 0.04 U.I. subcutanea los dias que se ponga Hormona de crecimiento antes de cenar dias, 1, 3, 10 12, 21, 28 y 30.

OXIGENO Jeringuilla color verde, dividir en 10 partes, aplicar subcutanea 0.05 los dias 2, 4, 6, 8, 11, 13, 15, 17, 20, 22, 24, 26, 29, 31.

EPARGRISEOVIT 1 vial intravenoso martes y jueves todo el mes.
PERFOLIT 15 mg. aplicar intravenoso los mismos dias que se ponga Oxigeno.
FREAMINE 250 ml. intravenoso despues de los entrenamientos fuertes.
SAMYR 1 vial intravenoso junto con el Freamine los dias de entrenamientos fuertes.

Jeringa verde

OXIGENO   dividir 1 vial en 10 partes inyectar
          1 parte subcutanea los dias indicados,
          durante el mes de Mayo.

          Mes de Junio día 2, 6, 10, 14, 17, 19,
          21, 23, 25, 27, 29.
Jeringa insulina de 1 ml   0,05.

Tapón amarillo
Hormona crecimiento

          Mezclar con agua para inyección 2 ml.
          dividir en 5 partes cada jeginda 0,4
          aplicar subcutanea los dias indicados.

Frasco único tapon amarillo grande 10 ml.
INSULINA   I-3
Aplicar subcutanea 0,04 U.I. antes de cenar, todos
los dias que lleve Hormona de crecimiento.

Remerciements

Aux ministres des Sports, Marie-George Buffet, Jean-François Lamour, Valérie Fourneyron.
À Jean-Jacques Lozach, sénateur.
À Henri Sérandour, président du CNOSF, ses collaborateurs et son département médical.
À Brigitte Cahen et tous les directeurs régionaux de Paris-Île de France.
À tous les policiers, douaniers, gendarmes, pharmaciens qui n'ont pas ménagé leurs efforts ni compté leur temps pour nous aider à faire avancer la lutte contre le dopage.
À Pierre Bordry, président de l'AFLD, au professeur Michel Rieu, à Philippe Dautry.
À Jacques de Ceaurriz, Françoise Lasne et tout le personnel du laboratoire de Châtenay-Malabry.
À toute mon excellente et fidèle équipe du département des contrôles.
À Olivier Grondin et tous les préleveurs, femmes et hommes qui ont œuvré sous sa houlette.

Aux collègues de l'AFLD qui m'ont apporté un soutien sans faille.
À tous les correspondants régionaux.
À tous mes homologues au niveau international.
Toutes ces personnes avec lesquelles j'ai travaillé en pleine confiance ont contribué à l'efficacité de l'AFLD et son rayonnement en France et à l'étranger.

Table

Note préliminaire..................... 7
1. Le choc d'une mort à 20 ans............. 9
2. La guerre est déclarée 13
3. *No whisky* 23
4. Tricherie : mode d'emploi............... 31
5. Le commando du boulevard Saint-Germain 41
6. Contrôle antidopage : comment ça marche 59
7. Football : coups de canif dans l'omerta ... 69
8. Rugby, tennis, le bon et le mauvais élève . 87
9. Armstrong : l'impossible traque 99
10. La bataille du Tour 131
11. La normalisation 173
12. La confession 203
13. Le cas Jeannie Longo.................... 213
14. Des moteurs dans les vélos 223
15. Les amateurs : la partie immergée
    de l'iceberg 233
16. Les actions en service commandé 255

17. L'argent du dopage..................... 277
18. Au nom d'une certaine idée du sport 285

Glossaire................................... 289

Imprimé en France par CPI
en mars 2021

Cet ouvrage a été mis en page par IGS-CP
à L'Isle-d'Espagnac (16)

Dépôt légal : avril 2021
N° d'édition : L.01EBNN000669.N001
N° d'impression : 162525